CRASHKURS
ESSEN
&WEIN

GERD RINDCHEN | GOTTHARD SCHOLZ

CRASHKURS
ESSEN
&WEIN

Hallwag

INHALT

GENIESSEN IST GANZ EINFACH

ESSEN UND WEIN LUSTVOLL KOMBINIEREN

Gerd Rindchen

Gotthard Scholz

Gutes Essen und guten Wein kundig zu kombinieren und gemeinsam mit Freunden oder Familie zu entdecken, zählt zu den schönsten Momenten im Leben. Noch nie war das Angebot an Lebensmitteln, Kräutern und Gewürzen so vielfältig und so spannend wie heute. Und noch nie war die Bereitschaft, die Pfade der heimischen Hausmannskost zu verlassen und lustvoll die beliebtesten Küchenstile der Welt auszuprobieren, so ausgeprägt. Damit Sie die Harmonie von Speisen und Wein noch entspannter genießen können, haben wir dieses Buch für Sie geschrieben.

Wir räumen auf mit gängigen Allgemeinplätzen wie »Immer Weißwein zum Fisch und Rotwein zum Fleisch« oder »Rotwein passt grundsätzlich prima zur Käseplatte«. Dazu haben wir die vermeintlich so schwer fassbare Weinwelt in sechs »Farbwelten« bzw. Geschmackstypen unterteilt, anhand derer wir aufzeigen,

welcher Weintyp mit welchen Aromen einer Speise und mit welchen Zubereitungsarten harmoniert. Wir zeigen Ihnen neue, spannende Kombinationen und sagen Ihnen, wie Sie die gröbsten Irrtümer vermeiden können. Das Salz in der Suppe sind die »Sieben goldenen Regeln der richtigen Weinauswahl« und die »Zehn häufigsten Weinirrtümer« – diese finden Sie immer wieder mal im Text eingestreut.

Und so laden wir Sie herzlich ein: Begleiten Sie uns auf eine vergnügliche Reise durch die Welt des Genießens und entdecken Sie mit uns Schritt für Schritt, wie viel Freude die richtige Verbindung von Essen und Wein bereiten kann!

GOLDENE REGEL NR. 1

Trink zum Essen, was Dir schmeckt

Die Bandbreite von Weinen, die mit einem Gericht harmonieren, ist meist größer, als Sie denken. Wenn Ihnen also ein Wein zu einem bestimmten Essen mindestens so gut schmeckt wie »solo«, ist die Wahrscheinlichkeit, dass er die richtige Wahl ist, schon sehr hoch – und zwar unabhängig von den vermeintlich gängigen Regeln. Ist das ein kräftiger Riesling, dessen Säure mithilft, Ihr T-Bone-Steak vom Grill zu verdauen – umso besser. Und falls Sie zum gebratenen Zanderfilet mit Weinkraut und Kartoffelpüree einen leicht gekühlten roten Kalterersee bevorzugen – genießen Sie's! Vertrauen Sie einfach Ihrem eigenen Geschmack, er ist viel besser, als Sie denken!

GOLDENE REGEL NR. 2

Ein schlechter Wein passt nicht zu gutem Essen

Ist Ihnen das auch schon mal passiert? Sie sind bei Freunden zu Besuch, die sich mit dem Abendessen alle erdenkliche Mühe gegeben haben, doch der dazu gereichte Wein ist grottenschlecht. So etwas ist immer schade, weil es das Vergnügen an einem ansonsten wirklich schönen Abend doch erheblich trüben kann. Also: Erweisen Sie Ihrer eigenen Mühe am Herd den gebührenden Respekt und sparen Sie bitte nicht an der falschen Stelle! Sie müssen jedoch keineswegs ein Vermögen anlegen. Es gibt auch für 5 bis 6 € pro Flasche schon durchaus anständige, seriöse Weine zu kaufen. Ein guter Einstieg in die Welt des Weins ist das Buch »Crashkurs Wein«.

WEINBASICS

RUBINROT

GRÜN

ORANGE

WIE WEIN SCHMECKT

VON DER TRAUBE ZU QUALITÄT UND INTENSITÄT

Intensität
Beim Wein ist die Intensität des Geschmacks ein ganz wichtiges Qualitätskriterium, und zwar unabhängig von seinem Süße-, Säure- oder Alkoholgehalt!

Gerade wenn es darum geht, welcher Wein zu einem Essen passt, ist immer wieder vom Geschmack die Rede. Was aber macht den Geschmack aus? Woraus setzt er sich zusammen?

DIE ELEMENTE DES GESCHMACKS

Ein Wein wird im Wesentlichen durch folgende Faktoren geprägt: Alkoholgehalt, Säure, Süße, Duft und Extrakt. Die ersten drei Faktoren sind relativ klar zuzuordnen. Hat ein Wein viel Alkohol, ist er schwer, bei wenig Alkohol eher leicht. Ein Wein mit viel Säure ist säurebetont, ein Wein mit viel Süße süß. Klingt banal – ist es auch. Allerdings kommt man dem Geheimnis von Duft, Geschmack und Persönlichkeit des Weins mit einem Säure-Zucker-Alkohol-Gemisch nicht auf die Schliche. Entscheidend sind die schwer fassbaren Faktoren, also die Duft- und Aromastoffe, die den Charakter des Weins entscheidend prägen.

DUFT UND EXTRAKT

Der Duft ist besonders wichtig – er steuert 80 % Ihrer Geschmackswahrnehmung. Das glauben Sie nicht? Dann stellen Sie sich einmal vor, Sie sind völlig verschnupft und bekommen zwei in ihrer Konsistenz weitgehend identische Pürees vorgesetzt: reines Kartoffelpüree und sehr extremes Kartoffel-Knoblauch-Püree. Sie werden beim Probieren keinen Unterschied feststellen.

Die Intensität von Duft und Geschmack ist also entscheidend für die Zuordnung eines Weins zu den passenden Speisen. Man bemisst sie im sogenannten »Extrakt«, der alle geschmacksprägenden Elemente umfasst, die über Süße, Säure und Alkohol hinausgehen. Und hier sind wir der Qualität auch schon ganz dicht auf der Spur.

Vermutlich haben Sie auch schon festgestellt, dass besonders billiger Wein häufig fast wässrig schmeckt, also wenig Aroma hat. Er kann zwar

viel Süße, Säure oder einen hohen Alkoholgehalt aufweisen, doch diese Faktoren sind nicht qualitätsentscheidend. Im Umkehrschluss gilt: Ein besserer, meist etwas kostspieligerer Wein bietet oft mehr von allem – mehr Duft, intensiveren, länger anhaltenden Geschmack und die Empfindung von Klarheit und Harmonie im Mund. Dabei kann dies durchaus ein leichter Tropfen sein. So kann etwa ein mineralischer Riesling Kabinett von der Mosel mit 8 bis 9 % Alkohol wahre Geschmacksorgien am Gaumen bewirken, ein säurearmer südeuropäischer weißer Landwein mit 14 % dagegen nur langweilig und plump daherkommen.

WEINHERSTELLUNG

Um zu verstehen, was die Qualität eines Weins ausmacht, müssen wir uns kurz damit befassen, wie Weiß- und Rotweine entstehen und wodurch sie sich im Wesentlichen unterscheiden.

Bei der Herstellung von Weißwein werden die Trauben nach der Lese sogleich in die Kelter gegeben – eine Presse, die den Traubensaft aus den Beeren presst –, danach werden Schalen und Saft sofort getrennt. Aus dem Saft entsteht dann durch alkoholische Gärung, die mithilfe von Hefen den Zucker im Traubensaft weitestgehend in Alkohol verwandelt, der fertige Wein. Werden rote Trauben nach dem gleichen Verfahren verarbeitet, entsteht ein leichter Rosé.

Für die Erzeugung von Rotwein werden die Trauben erst einmal gemahlen und schwimmen anschließend in ihrem eigenen Saft in offenen Gärbehältern. Dieses Gemisch aus Saft und Schalen heißt Maische. Bei der Gärung mit den Schalen, der sogenannten Maischegärung, werden die roten Farbstoffe aus den Traubenschalen gelöst. Nach einer gewissen Zeit wird der gärende Most dann gepresst.

Liebe geht durch die Nase: Der Geruch ist der emotionalste unserer Sinne.

11

DER EINFLUSS DER TANNINE

Bei der Maischegärung löst sich ein weiterer Stoff aus den Schalen: Gerbstoff oder Tannin, jenes geschmacksprägende Element, das den Rotwein vom Weißwein unterscheidet. Die Gerbstoffe haben massiven Einfluss auf den Charakter des Rotweins. Hat er viel Tannin, wird er eher herzhaft, kräftig und wirkt in der Jugend oft »pelzig« auf der Zunge. Sie kennen dieses Gefühl vielleicht von sehr lange gezogenem schwarzem Tee. Weist der Wein wenig Tannin auf, ist er meist weicher und zugänglicher, aber auch weniger lagerfähig. Zudem unterscheidet man auch noch zwischen »weichen« und »harten« Tanninen. Harte Tannine sind spröde und machen den Wein oft kantig und verschlossen, weiche Tannine sind eher samtig und anschmiegsam am Gaumen. Art, Intensität und Struktur der Tannine entscheiden maßgeblich, welcher Rotwein zu welcher Art von Essen passt – oder auch nicht passt.

Die Grenzen zwischen kräftigem Rosé und leichtem Rotwein sind übrigens fließend: Beide werden kurz mit den Schalen vergoren, bevor der Saft abgepresst wird. Daher passen – entgegen der landläufigen Meinung – leichte Rotweine manchmal auch ganz gut zu Fischgerichten.

QUALITÄT UND INTENSITÄT – ZWEI, DIE ZUSAMMENGEHÖREN

Ohne ein gewisses Maß an Konzentration von Duft und Geschmack kann kein Wein einem profilierten Essen Paroli bieten. Dabei haben die Weinbauern vor allem an einem Punkt sehr viel Einfluss darauf, wie sich Qualität und Konzentration des Weins entwickeln: bei der Menge der pro Hektar geernteten Trauben. Ein Weinberg kann nur ein bestimmtes Maß an Geschmacksstoffen abgeben, da macht es schon etwas aus, ob sich diese auf wenig oder viele Trauben verteilen. Die Bandbreite dessen, was ein Weinberg an Ertrag hergibt, schwankt zwischen 7 und 400 hl/ha – also um den Faktor 60! Im Qualitätsweinbau sind 40 bis 80 hl/ha üblich, für Massenweine gern mal das Drei- bis Vierfache.

VON NICHTS KOMMT NICHTS

Wer nun aber denkt, dass mehr Trauben auf einem Hektar Boden zu erzeugen auch mehr Arbeit bedeutet, irrt. Meist ist das Gegenteil der Fall! Am einfachsten ist es, den Wein einfach wuchern zu lassen. Das Ergebnis ist hoher Ertrag, weniger Arbeit, vor allem aber dünnerer Wein, da der arme Rebstock viel mehr Trauben ernähren muss. Wollen Winzer hochwertige Weine erzeugen, dann reduzieren sie die Erträge. Dazu schneidet der Winzer im Winter den Rebstock so weit zurück, dass nur noch ein Trieb übrig bleibt. Ist im Sommer die Traubenzahl immer noch zu hoch, entfernt er einen Teil der noch winzigen grünen Trauben – diesen Vorgang nennt man »grüne Lese«. Dass so erzeugte Weine teurer sind als die Einstiegstropfen und nicht für unter 2 € pro Flasche beim Discounter angeboten werden können, leuchtet ein.

Qualität
Intensiven, sauberen Duft und Geschmack bieten nur Weine von guter, extraktreicher Qualität. Nur sie können als kongeniale Partner ein gutes Essen noch besser machen – und sie haben ihren Preis!

IRRTUM NR. 1

Ein Wein schmeckt immer gleich

Vielleicht haben Sie das auch schon einmal erlebt: Sie haben Urlaub im Süden gemacht und dort hat Ihnen abends beim Blick über das Mittelmeer immer dieser herrlich leichte weiße Hauswein so gut zur Bouillabaisse geschmeckt. Oder dieser wunderbare gekühlte Rosé in der Strandbar bei Sonnenuntergang. Vielleicht haben Sie sogar bei diesen netten Bauern gewohnt, die mit ganz einfachen Mitteln ihren eigenen Rotwein keltern, der abends immer in der Karaffe auf dem Tisch stand – direkt aus dem Fass im Keller. Oh, war der lecker zu Omas Pasta mit Kaninchenragout!

Diese Genüsse wollten Sie nach dem Urlaub auch daheim erleben. Also haben Sie die letzten Winkel Ihres Kofferraums mobil gemacht und Ihr Auto gefährlich überladen mit 60 Flaschen vom weißen Hauswein oder vom Strandbar-Rosé respektive fünf Zehnliter-Plastikkanistern aus dem Rotweinfass. Zu Hause dann Freunde eingeladen, französisch/spanisch/italienisch gekocht und stolz Ihre Urlaubsentdeckung auf den Tisch gestellt. Ein Desaster! Der Weiße dünn und langweilig, der Rosé ein belangloses Wässerchen, der Rote essigstichig.

Wie ein Wein schmeckt und empfunden wird, hängt stark von der Stimmung und der Umgebung ab. Vor Ort im sonnigen Süden oder von der Winzerin zur Brotzeit unter der lauschigen Linde kredenzt mundet fast alles – weil es Ihnen in diesem Moment richtig gut geht. Deshalb unser Rat: Bevor Sie bei einem Urlaubswein richtig zuschlagen, probieren Sie erst mal, wie er zu Hause unter »Alltagsbedingungen« mundet. Sind Sie entspannt oder eher im Stress? Konzentrieren Sie sich auf den Wein oder sind Sie mit Ihren Gedanken ganz woanders? Falls Ihr Lieblingswein auf einmal bitter schmeckt, kann es auch daran liegen, dass Sie vorher einen Kaffee getrunken oder ein Pfefferminzbonbon gelutscht haben. Und natürlich spielt es auch eine Rolle, ob Sie etwas zum Wein essen und was. Aber dafür, dass Essen und Wein möglichst gut miteinander harmonieren, haben Sie ja dieses Buch.

SECHS WEINTYPEN – SECHS FARBEN

EIN NAVI FÜR DIE WEINWELT

Die Welt des Weins ist eine komplexe und oftmals verwirrende Landkarte. Neben ein paar bekannten Metropolen – z.B. Toskana, Bordeaux, Kalifornien – und einigen Hauptverkehrsadern in Form verbreiteter Rebsorten – z.B. Merlot, Shiraz, Chardonnay – gibt es unendlich viele Kleinstädte und Kreisstraßen. Wir haben für Sie ein Navigationssystem entwickelt, dass Sie sicher zu den Weinen führt, die zu Ihrem geplanten Menü passen. Dafür benötigen Sie keine aufwendige Software in Form von gespeichertem Wissen. Es reicht völlig, sich auf Ihr Gefühl, genauer auf Ihr Mundgefühl zu verlassen.

MUNDGEFÜHL UND FARBWELTEN

Die Vielfalt des Weingeschmacks lässt sich auf sechs Grundtypen zurückführen. Sie stehen für ein bestimmtes Mundgefühl, das unserer Erfahrung nach von den meisten Menschen mit hoher Übereinstimmung empfunden wird. Diesen sechs Weintypen lassen sich bestimmte Farb- und Aromenwelten zuordnen. Da gibt es z.B. den grünen Weißweintyp. Er steht für diesen frischen, beschwingten Geschmack und eine Aromenwelt von Äpfeln, Steinobst und Zitrusfrüchten. Oder die rubinroten Rotweine. Sie kleiden den Gaumen mit Samt aus und entführen den Weingenießer in eine Aromenwelt reifer oder gekochter dunkler Beeren.

Nahezu alle Weine passen zu einem der Typen, die wir Ihnen auf den folgenden Seiten vorstellen. Wir geben Ihnen natürlich für jeden Weintyp Beispiele. Entscheidend ist aber, dass Sie selbst ein Gefühl für die Farbwelten entwickeln, um auf einen Blick zu erkennen, was womit gut funktioniert. Farbige Smileys (😊 passt, 😐 geht so, 😟 passt nicht) begleiten diesen Weg zur vollendeten Harmonie.

1. DER GRÜNE TYP KNACKIG+FRISCH

Die »grünen« Weißweine des Geschmackstyps »knackig+frisch« stellen den leichten, feinen, belebenden Einstieg in die Welt des Rebensafts dar. Von unkomplizierten Spaßtropfen bis hin zu vielschichtigen, aber dennoch nicht allzu schweren grandiosen Weißweinen der leichteren Art reicht hier das Spektrum. Viele dieser Weine weisen im Glas tatsächlich einen leichten Grünschimmer auf. Sie sind trocken, selten auch dezent halbtrocken.

Die Weine dieser Kategorie sind meist recht jung. Häufig haben sie auch noch einen ganz leichten Hauch natürlicher Gärkohlensäure, was sie spritzig und animierend macht. Sie verströmen gerne und freigiebig Aromen von frischen Früchten, etwa Anklänge an Zitrusfrüchte wie Limone oder Zitrone, an Steinobst wie Pfirsich, Aprikose und Mirabelle oder an knackigen grünen Apfel. Einige von ihnen warten zudem mit Noten von frisch geschnittenem Gras oder Paprika auf. In der Regel haben grüne Weine nicht übermäßig viel Alkohol, meist zwischen 11,5 und 12,5 % Vol.

Dank der feinen, filigranen Art vieler dieser Weine sind auch tolle mineralische Noten spürbar. Sie riechen und schmecken ein wenig »steinig« oder erdig, vergleichbar mit jenem Duft, den der aufgeheizte Boden verströmt, wenn nach einem langen, heißen Sommertag ein kleiner Regenguss über die Schiefersteilhänge der Mosel hinweggegangen ist. Wenn Sie beim Riechen jedoch das Gefühl haben, aus Versehen an Ihrer Tankstelle gelandet zu sein, ist das der sogenannte Petrolton, den vor allem gereifte Rieslinge bisweilen aufweisen. Mit knackig+frisch hat das aber nicht mehr viel zu tun …

TYPISCHE WEINE

- Junger Riesling, meist Qualitätswein oder Kabinett
- Junger Grüner Veltliner, z. B. der Kategorien Federspiel (Wachau) oder DAC
- Sauvignon blanc aus der ganzen Welt, aber auch die französischen Klassiker dieser Rebsorte wie Sancerre und Pouilly-Fumé
- Entre-Deux-Mers (Bordeaux)
- Junger, im Edelstahltank ausgebauter Chablis, Muscadet
- Vinho Verde (Portugal), Vermentino (Italien)

WOZU PASSEN SIE?

Durch ihre animierende Art eignen sich Weine des Typs knackig+frisch ideal als Aperitif. Sie gelten als klassische Begleiter zu leichter Sommerküche wie Gemüseantipasti oder Salaten mit nicht zu essiglastigem Dressing, harmonieren aber auch sehr gut mit weißem Meeresfisch und Seafood aller Art. Speziell Riesling und Sauvignon blanc sind mit ihrem herzhaften Eigengeschmack die idealen »Aufräumer« zur Bratwurst oder zum Kotelett vom Grill und helfen mit ihrer Säure beim Verdauen.

2. DER GELBE TYP
HARMONISCH+MILD

In der Kategorie »harmonisch+mild« findet man die vielseitig einsetzbaren Allrounder unter den Weißweinen. Sie sind bei vielen Leuten beliebt, polarisieren nicht und tun demzufolge auch niemandem weh. Die Weine dieser Stilistik eignen sich auch sehr gut für »Trocken-Einsteiger«, die ihre Weinliebhaber-Laufbahn vielleicht mit süßem Lambrusco begonnen haben und sich die Welt der trockenen Weine als Essensbegleiter erst allmählich erschließen.

Weine des »gelben« Typs sind meist ausgewogen und rund und schmeicheln dem Magen mit ihrer nur geringen Säure. Sie verströmen häufig einen dezenten Blütenduft, gepaart mit eher süßen Fruchtaromen, z. B. Birne, Melone oder Tropenfrüchte wie Litschi und Mango. Am Gaumen zeigen sich diese Weine ausbalanciert und in sich ruhend, im Nachgeschmack oft auch mit einer dezenten Nuss-Mandel-Note.

Hochwertige Vertreter besitzen das, was in der Weinsprache »Schmelz« genannt wird, d. h., sie erzeugen ein angenehm cremiges Gefühl im Mund. Als Essensbegleiter sind Weine der Kategorie harmonisch+mild idealerweise trocken. Bei halbtrockenen gelben Weinen tritt aufgrund der geringeren Säure die Süße mehr in den Vordergrund als bei den Vertretern des Typs knackig+frisch, was mit dem Essen in der Regel nicht so gut harmoniert.

TYPISCHE WEINE

– Viele der beliebtesten weißen Rebsorten Deutschlands liefern Weine dieser Kategorie, etwa Weißburgunder alias Pinot bianco oder Pinot blanc, leichtere Grauburgunder alias Pinot grigio oder Pinot gris, Rivaner alias Müller-Thurgau
– Praktisch alle gängigen Weißweine aus Italien sind ebenfalls Vertreter dieser Stilistik: Soave, Custoza, Lugana, Gavi, Trebbiano, Frascati, Orvieto
– Chardonnay aus der ganzen Welt – sofern nicht im Barrique ausgebaut
– Côtes du Rhône blanc und Mâcon blanc
– Macabeo und Verdejo aus Spanien

WOZU PASSEN SIE?

Weine der gelben Kategorie sind recht universell einsetzbar. Sie harmonieren prächtig mit Süßwasserfisch, sowohl gebraten wie auch gedünstet. Zudem vertragen sie sich bestens mit Pasta an heller Sauce, Risotto und Gemüsegratins. Sie begleiten wunderbar helles Geflügel wie Huhn, Stubenküken oder Pute. Weine des Typs harmonisch+mild sind ideale Begleiter zu Spargel, z. B. in Verbindung mit Kochschinken und neuen Kartoffeln, und sie lassen sich aufgrund ihres niedrigen Säuregehalts gut mit Salaten kombinieren. Die herzhafteren Spielarten wie z. B. Rivaner und Silvaner aus Deutschland sind auch gute Partner zur Brotzeit und zur Vesper.

3. DER ORANGE TYP VOLL+INTENSIV

Der Weintyp »voll+intensiv« reicht von mittelschweren, aber sehr aromatischen Gewächsen bis zu den extravaganten Diven unter den Weißweinen. Nur wenige Rebsorten sind sozusagen von Natur aus »orange«. Es sind spezielle klimatische Verhältnisse, die Arbeit des Winzers im Weinberg oder ein besonderer Ausbau im Keller, die diesen Typ prägen.

Was alle Weine der »orangen« Kategorie eint, ist ihr Hang zur Üppigkeit. Bei den einfachen Qualitäten kann dies ein manchen Rebsorten eigener intensiver Blütenduft oder ein fülliger, ausladender Körper sein. Die bedeutendsten unter diesen Gewächsen prunken verschwenderisch mit Düften und Aromen, mit Kraft und Ausdruck. Sie sind am Gaumen eine echte Herausforderung und eignen sich entweder als Essensbegleiter für spezielle Anlässe oder als Meditationsweine zum Entspannen. Je nach Stil finden sich in der Nase würzige Muskatnoten, reife Tropenfrüchte, schwerer Blütenduft, oft auch Anklänge an Dörrobst.

Viele dieser Weine sind im kleinen Holzfass (Barrique) ausgebaut, was mit komplexen Duftnoten von Vanille, Karamell oder Zimt einhergeht. Auch spürbar halbtrockene oder liebliche Weißweine sind hier zu finden. Die besten Vertreter der Kategorie voll+intensiv eignen sich aufgrund ihrer Komplexität ideal, um lange zu reifen.

Barrique
Ursprünglich nichts weiter als eine Transportverpackung, hat sich das Barrique zu einer festen Größe bei der Weinerzeugung gemausert. Das junge Eichenholz gibt wohlschmeckende Aromastoffe an den Wein ab: Noten von Vanille, Kakao, Zimt, aber auch Röstaromen wie Kaffee und Karamell. Der Name leitet sich von »Barrikade« (frz. barricade) ab, zu der Fässer in der französischen Julirevolution von 1830 aufgetürmt wurden.

TYPISCHE WEINE

– Weine aus Rebsorten mit ausgeprägtem Bukett wie Muskateller, Gewürztraminer, Viognier
– Alle im Barrique ausgebauten Weißweine
– Komplexe Varianten eigentlich »gelber«, gelegentlich auch »grüner« Rebsorten wie Grauburgunder oder Silvaner Spätlese, Riesling Großes Gewächs oder Spätlese
– Weiße Burgunder aus Frankreich, Vouvray demi-sec, Verdicchio Superiore
– Qualitativ hochwertige halbtrockene oder liebliche Weine
– Leider zählen auch mit Eichenchips gewürzte oder extrem alkoholstarke Weiße aus heißen Klimazonen zu dieser Kategorie

WOZU PASSEN SIE?

Die trockeneren Weine des orangen Typs harmonieren vorzüglich zu hellem Fleisch wie Kalb, sie vertragen sich aber auch sehr gut mit dunklem Geflügel wie Gans oder Ente. Kräftigen, auch exotisch gewürzten Speisen können sie ganz gut Paroli bieten. Kommt zur Opulenz dieser Weine eine leichte Süße hinzu, spielen sie in Verbindung mit süßsauren Gerichten ihre ganze Komplexität aus. Auch zu scharfer asiatischer Küche ist eine leichte Restsüße oft ideal, um die Schärfe abzupuffern. Halbtrockene oder liebliche Vertreter wie etwa ein klassischer Elsässer Gewürztraminer passen hervorragend zu kräftigem, gereiftem Käse oder zu Blauschimmelkäse.

4. DER LILA TYP
CHARMANT+FEIN

In der Weinkategorie »charmant+fein« tummelt sich im wahrsten Sinne des Wortes ein buntes Völkchen. Die Farbpalette reicht von zwiebelschalenfarbenen oder kräftig pinkfarbenen Rosés über leichte hellrote Tropfen bis zu dunkelroten »echten« Rotweinen. Eine große Rolle spielen hier Dauer und Intensität der Maischegärung (siehe Seite 12): Die Rosés hatten während der Gärung nur kurz Kontakt mit den Schalen der Trauben – daher ihre helle Färbung –, die Rotweine haben entweder nur eine relativ kurze Zeit mit der Maische verbracht oder es sind Weine aus eher hellen Rotweintrauben.

Alle Weine des »lila« Spektrums eint ihre unbeschwerte Trinkbarkeit und ihre Zugänglichkeit. Sie können sich aber in ihren besten Qualitäten zu unglaublicher Eleganz aufschwingen. Typische Aromen dieser Weinkategorie sind Erdbeere, Himbeere oder Sauerkirsche. Der lila Typ will nicht prunken, protzen oder belehren, sondern unkompliziert Freude bereiten.

Die Rosés tun dies mit ihrer im Idealfall betörenden, bisweilen überbordenden sinnlichen Frucht. Die roten Vertreter dieser Kategorie haben meist eine fröhliche, zupackende Art sowie nur wenige – und wenn, dann weiche, schmeichelnde – Tannine, die selbst ungeübte Gaumen nicht überfordern. Und sie nehmen es nicht übel, wenn sie leicht gekühlt serviert werden, ganz im Gegenteil! Doch Vorsicht: Einige dieser Weine, insbesondere Pinots noirs, können eine Finesse und einen Nuancenreichtum entwickeln, die zu den größten Genüssen überhaupt zählen.

TYPISCHE WEINE

– Alle Arten Rosé, z. B. Bardolino Chiaretto, Côtes de Provence Rosé, Rosados aus Spanien
– Helle Rotweine wie Trollinger, Kalterersee, Portugieser
– Fruchtbetonte, tanninarme Rotweine wie Beaujolais, Bardolino, leichtere Chianti, Zweigelt
– Elegante Rotweine wie Pinot noir, Spätburgunder, Valpolicella, Barbera (alle nicht im Barrique ausgebaut)

WOZU PASSEN SIE?

So breit wie das Spektrum der Weine dieser Kategorie ist auch die Palette der Kombinationsmöglichkeiten. Die Rosés harmonieren wunderbar mit leichter Sommerküche, Salaten oder Gemüseauflauf. Wenn sie, was bei Rosés häufig der Fall ist, über genügend Power und eine leichte Restsüße verfügen, sind auch überaus aparte Paarungen mit pikanter asiatischer Küche möglich. Rosés und leichte Rotweine passen auch sehr gut zu Kalbfleisch, Kaninchen und dunklem Geflügel, ebenso zu Pizza, Pasta mit Tomatensauce, kräftigeren Antipastivarianten, z. B. mit Pilzen, Carpaccio oder Vitello tonnato.

5. DER RUBINROTE TYP
SAMTIG+WEICH

Bei der wohl beliebtesten Rotweinkategorie geht es in Nase und Mund so richtig zur Sache. Weine des Typs »samtig+weich« sind meist tiefdunkel, dicht und stoffig und betören schon mit ihrem Duft. Darin dominieren meist verlockende Aromen von dunklen Früchten wie Brombeere, Pflaume und Schwarzkirsche, bei den weicheren Vertretern auch Konfitüre. Je nach Intensität und Ausbauart des Weins gesellen sich dazu auch Anklänge an Gewürze, Schokolade, Kaffee oder Zimt, bisweilen auch leichte Röstaromen. Dem verlockenden Duft folgen meist ein samtiges Mundgefühl und ein harmonischer, warmer und weicher Ausklang am Gaumen.

Gewächse des »rubinroten« Typs sind die verführerischen Charmeure in der Weinwelt. Und wie alle notorischen Verführer sind sie nicht ungefährlich. Sie umgarnen den Gaumen so galant, dass man bisweilen nicht bemerkt, dass unter ihnen einige veritable Geschosse mit 13 bis 15 % Alkohol zu finden sind. Weil die Weine weich, aber gleichzeitig substanzreich sind, eignen sie sich einerseits als Essensbegleiter, andererseits aber auch als Solisten zum genussvollen Schlürfen.

TYPISCHE WEINE

- Mittelgewichtiger Shiraz aus Australien oder Südafrika, kalifornischer Zinfandel, Merlot, Carmenère oder Cabernet Sauvignon aus Chile
- Spanische Rotweine auf der Basis der Rebsorte Tempranillo, besonders die fassgereiften Varianten Crianza, Reserva oder Gran Reserva aus Anbaugebieten wie Rioja, Ribera del Duero, La Mancha, Valdepeñas oder Navarra
- Primitivo und Salice Salentino aus Apulien, Nero d´Avola aus Sizilien
- Merlot aus Südfrankreich oder Italien, sanfter Côtes du Rhône, Minervois, Corbières, Coteaux du Languedoc; besonders weiche Weine liefert häufig eine rund ums Mittelmeer beheimatete Traube, die in Frankreich Grenache, in Spanien Garnacha und auf Sardinien Cannonau heißt
- Deutsche Rotwein-Cuvées, im Barrique ausgebauter Dornfelder

WOZU PASSEN SIE?

Weine des rubinroten Typs harmonieren vorzüglich mit gegrilltem Hüftsteak, Rinderfilet, Kalbskotelett, Schweinesteak oder Hackbraten, aber auch mit kräftigen süßsauren Saucen, wie man sie z. B. in Verbindung mit Reh oder Wildschwein findet. Sehr gut passen sie zu Pastagerichten mit pikanten Fleischsaucen sowie zu mediterranen Lammgerichten. Durch ihre Geschmeidigkeit und Zugänglichkeit sind diese Rotweine der perfekte Gegenpart zur modernen Crossover-Küche, die mediterrane, klassische und asiatische Kräuter und Aromen verbindet, seien es Lamm- oder Geflügelcurry, Ente asiatisch oder Wokgerichte mit Filetstreifen.

6. DER DUNKELROTE TYP
CHARAKTERSTARK+KRÄFTIG

Gewächse der Kategorie »charakterstark+ kräftig« reichen vom rustikalen Landwein mit Ecken und Kanten bis hin zu einigen der teuersten Weine der Welt (Bordeaux!). Im Einstiegsbereich geht es rau, aber herzlich zu. Diese deftigen Gesellen passen hervorragend zu ebensolchem Essen. Mit steigender Qualität erwarten Sie große Genüsse, die allerdings Ihre volle Aufmerksamkeit und viel Geduld erfordern! Wegen ihrer kraftvollen Tannine sind große »dunkelrote« Weine jung oft spröde und abweisend – aber umso länger lagerfähig. Ihre komplexe Fülle offenbart sich erst allmählich. So empfiehlt es sich, die Weine längere Zeit vor dem Genuss zu öffnen oder sie in eine Karaffe umzufüllen, in der sie »atmen« können.

Beim Riechen entdecken Sie häufig sehr klare Aromen von Schwarzen Johannisbeeren, Blaubeeren und Schwarzkirschen, unterlegt von Anklängen an Waldboden, Leder, Tabak und Veilchen oder von balsamischen Tönen. Oft ist der Duft sehr tiefgründig und reichhaltig. Es lohnt sich also, immer wieder ins Glas hineinzuschnuppern, um mit jedem Mal neue Nuancen zu entdecken.

Das Mundgefühl ist bei diesen Weinen eher kühl und knackig und im Ausklang nimmt man kraftvolle, manchmal sogar etwas pelzige Gerbstoffe wahr. Typisch für charaktervolle und kräftige Rotweine ist auch ein lang anhaltender Nachhall am Gaumen.

Muntermacher
Nach einem opulenten Abendessen mit schwerem Rotwein kann es ungemein belebend wirken, wenn Sie einfach nochmals einen besonders gelungenen Vertreter des grünen Weintyps »knackig+frisch« auf den Tisch bringen. Das weckt die Sinne und macht alle Gäste schlagartig wieder munter.

TYPISCHE WEINE

– Rotweine aus Bordeaux, Bergerac, Madiran, Cahors
– Grands und Premiers Crus aus Burgund, im Barrique gereifte Pinots noirs und Spätburgunder
– Südfranzösische Weine wie Côtes du Roussillon, kräftige Côtes du Rhône, Weine von der nördlichen Rhône (Côte Rôtie, Hermitage, St-Joseph)
– Montepulciano d´Abruzzo (Mittelitalien), Nebbiolo, Barolo und große Barbera (Piemont), Brunello di Montalcino, Vino Nobile di Montepulciano und Chianti Classico (Toskana), Lagrein
– Cabernet Sauvignon und Bordeaux Blends aus Übersee, Pinotage aus Südafrika, Malbec aus Argentinien sowie die komplexesten, kraftvollsten Syrah- bzw. Shiraz-Weine

WOZU PASSEN SIE?

Die Weine des dunkelroten Typs harmonieren ideal mit geschmortem dunklem Fleisch mit aromaintensiven, konzentrierten Saucen, z. B. Bœuf bourguignon, Brasato oder Lammhaxe mit Kräutern der Provence. Auch für den gehobenen Grillabend eignen sie sich vorzüglich, etwa zu herzhaftem Ribeye-Steak oder zu gebratenen Lammkoteletts. Durch ihre bisweilen zupackenden, herzhaften Tannine sind diese Weine auch perfekte Begleiter zu deftiger regionaler Küche, z. B. einem pikanten ungarischen Gulasch oder einem Rinderbraten mit Klößen, und zu Gerichten mit Shiitake- oder Steinpilzen.

WEINTYPEN UND ESSENSKLASSIKER

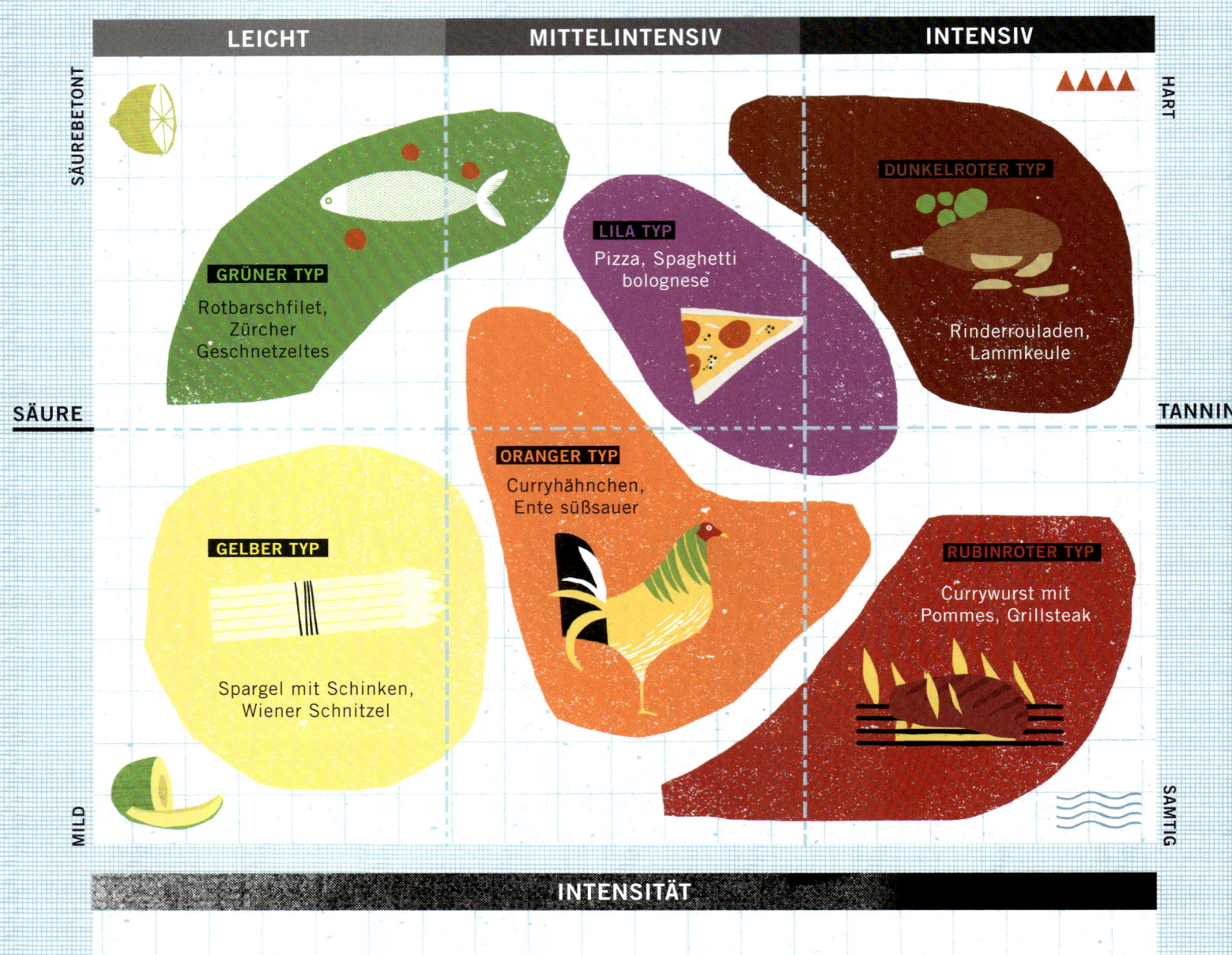

LEICHT | MITTELINTENSIV | INTENSIV

SÄUREBETONT — HART

GRÜNER TYP
Rotbarschfilet,
Zürcher
Geschnetzeltes

LILA TYP
Pizza, Spaghetti
bolognese

DUNKELROTER TYP
Rinderrouladen,
Lammkeule

SÄURE — TANNIN

ORANGER TYP
Curryhähnchen,
Ente süßsauer

GELBER TYP
Spargel mit Schinken,
Wiener Schnitzel

RUBINROTER TYP
Currywurst mit
Pommes, Grillsteak

MILD — SAMTIG

INTENSITÄT

DIE WEIN-GESCHMACKSLANDSCHAFT

Auf der nebenstehenden Grafik sind die sechs Weintypen in eine Art Geschmackslandschaft eingezeichnet, die wie ein Koordinatenkreuz aufgebaut ist. Drei Elemente bestimmen den Weintyp. Das erste dieser Elemente ist die Intensität. Die Geschmackslandschaft beginnt auf der X-Achse links mit eher leichten Weinen und endet rechts mit den intensivsten Gewächsen. Das zweite Element ist der Säuregehalt des Weins, der auf der Y-Achse ablesbar ist. Es beginnt unten mit milden, säurearmen Weinen – symbolisiert durch die Melone – und endet oben mit säuregeprägten, sehr frischen Weinen – symbolisiert durch die Zitrone. Die Säureachse gilt sowohl für Weißweine als auch für Rotweine.

Bei den Rotweinen kommen als drittes geschmacksprägendes Element die Tannine bzw. Gerbstoffe hinzu. Je weiter rechts sich ein Rotwein auf der X-Achse befindet, desto intensiver sind auch seine Tannine. Man unterscheidet zwischen harten, ungeschliffenen bzw. körnigen Tanninen einerseits und weichen, geschliffenen oder samtigen Tanninen andererseits. Dieser Verlauf zwischen samtig (unten) und hart (oben) ist auf der Y-Achse eingetragen. Dass Tannin und Säure zusammen auf der Y-Achse veranschaulicht werden, ist volle Absicht, denn zwischen Säuregehalt und Tanningeschmack besteht ein enger Zusammenhang: Je säurebetonter ein Rotwein ist, desto härter und bitterer wirken die Gerbstoffe.

DIE WEISSEN GESCHMACKSTYPEN

Weine des grünen Typs sind säurebetont und können bisweilen – Beispiel Sauvignon blanc – auch als mittelintensive Weine ihren jugendlich-knackigen Charakter bewahren. Weine des gelben Spektrums hingegen sind säurearm und leicht. Sobald sie an Intensität zunehmen, also ausbau- oder jahrgangsbedingt körperreicher werden – Beispiel Weißburgunder –, wechseln sie in den orangen Typ. Dieser Typ ist mittelintensiv bis sehr intensiv, was von der jeweiligen Traubensorte oder der Arbeitsweise des Winzers und dem Ausbau abhängt. Zum orangen Typ gehören körperreiche Weißweine, im kleinen Eichenfass gereifte Gewächse – Beispiel Chardonnay – oder halbtrockene bis liebliche Weine.

DIE ROTEN GESCHMACKSTYPEN

Zum lila Geschmackstyp zählen Rotweine und Rosés mit einer lebhaften Säure und wenig Gerbstoffen. Sie sind in der Regel mittelintensiv, können sich aber – Beispiel Spätburgunder – zu eleganten Schönheiten von großer Intensität aufschwingen. Rubinrote Weine sind mittelintensiv bis sehr intensiv, säurearm und – Beispiel Rioja Crianza – mit samtigen, schmeichelnden Tanninen ausgestattet. Vertreter des dunkelroten Spektrums sind sehr intensiv und zeichnen sich durch eine knackige Frische und – Beispiel Bordeaux – ein kompaktes und imponierendes Tanningerüst aus.

DIE WICHTIGSTEN WEINE NACH GESCHMACKSTYPEN

Winzer sind freie Menschen, das Wetter ist launisch und Grauzonen lauern überall. Die pauschale Zuordnung einer Rebsorte oder eines Weins mit Herkunftsbezeichnung zu einem Geschmackstyp bleibt also fehlerbehaftet. Als Orientierung ist die Zuordnung aber allemal hilfreich.

KNACKIG+FRISCH

Riesling trocken, Silvaner, Scheurebe, Grüner Veltliner, Sauvignon blanc, Entre-Deux-Mers, Sancerre, Pouilly-Fumé, Chablis, Picpoul de Pinet, Muscadet, Chenin blanc trocken, Colombard, Côtes de Gascogne, Custoza, Vermentino, Roero Arneis, Albariño, Vinho Verde, Godello, Xarel-lo, Furmint.

HARMONISCH+MILD

Chardonnay, Weißburgunder, Müller-Thurgau (Rivaner), Grauburgunder, fränkischer Silvaner, Blanc de Noirs, Gutedel, Trebbiano (Orvieto, Falerio), Pinot grigio, Pinot bianco, Soave, Gavi (Cortese), Lugana, Frascati, Friulano, Verdicchio, Vernaccia, Grillo, Catarratto, Prosecco, Verdejo, Macabeo, Airén, Garnacha blanca.

VOLL+INTENSIV

Chardonnay Übersee, alle Weißweine mit Barrique-Ausbau, Bourgogne blanc, Viognier, Grauburgunder Spätlese, Riesling Spätlese und Großes Gewächs, Riesling halbtrocken/lieblich, Muskateller (Moscatel), Gewürztraminer, Bacchus, Malvasia, Grüner Veltliner Reserve, Verdicchio dei Castelli di Jesi, Chenin blanc halbtrocken.

CHARMANT+FEIN

Pinot noir, Bourgogne rouge, Beaujolais, Gamay, Spätburgunder, leichter Dornfelder, Trollinger, Portugieser, Kalterersee, Grauvernatsch, Zweigelt, St. Laurent, einfacher Merlot, Valpolicella, Barbera, Bardolino, leichtere Chianti, Roséweine wie Bardolino Chiaretto, Côtes de Provence oder spanischer Rosado.

SAMTIG+WEICH

Spanische Crianza und Reserva, Rioja, Ribera del Duero, Tempranillo, Aragonés, Garnacha, Corbières, Minervois, Shiraz, Merlot Übersee, kalifornischer Zinfandel, chilenischer Carmenère oder Cabernet, Primitivo, Salice Salentino, Nero d'Avola, Amarone della Valpolicella, Ripasso, Blaufränkisch, Lemberger, Dornfelder, Grenache.

CHARAKTERSTARK+KRÄFTIG

Roter Bordeaux, Grands und Premiers Crus aus Burgund, nördliche Rhône (Côte Rôtie, Hermitage, St-Joseph), Fitou, französischer Syrah, Tannat, Cahors, Mourvèdre (Monastrell), argentinischer Malbec, Nebbiolo, Barolo, Chianti Classico, Vino Nobile di Montepulciano, Brunello di Montalcino, Aglianico, Cannonau, Pinotage.

IRRTUM NR. 2

Weißwein sollte eiskalt serviert werden

Abends im Restaurant: Der freundliche Kellner bringt Ihnen eine Flasche eines schönen, gehaltvollen Weißweins an den Tisch. Ein wunderbarer Duft strömt Ihnen entgegen, der Wein ist fruchtig und intensiv. Dann, im Laufe des Abends, passiert etwas Seltsames: Die Frucht wird immer schwächer, der Wein wirkt flacher und auch der schöne Duft ist kaum noch zu riechen. Was ist passiert? Nun, man hat Ihnen in bester Absicht den Wein im Eiskühler an den Tisch gebracht – und er hat sich immer weiter abgekühlt. Und wenn Wein zu kalt ist, riechen und schmecken Sie nicht mehr viel. »Je kälter, desto besser« stimmt bei ordentlichen Weinen also nicht. Was aber ist die richtige Serviertemperatur? Sekt, Prosecco, Champagner, leichte Weißweine, vorwiegend aus der Kategorie knackig+frisch, sowie leichte Rosés servieren Sie am besten bei 6 bis 8°C. 10 bis 12°C ist die ideale Serviertemperatur für zumindest mittelgewichtige Weißweine der Kategorien harmonisch+mild und voll+intensiv – sie zeigen dann ihre Geschmacksfülle am schönsten.

IRRTUM NR. 3

Rotwein sollte bei Zimmertemperatur serviert werden

Bei Rotweinen kann, wenn man sie wie üblich bei sogenannter Zimmertemperatur von 22°C oder mehr serviert, der Genuss ganz schön beeinträchtigt werden. Der Alkohol drängt sich dann zu stark in den Vordergrund – der Wein wird brandig und breit. Die Vorgabe »Zimmertemperatur« für Rotwein stammt aus dem Mittelalter, als Mönche und Adelige die Grundlage für die heutige Weinkultur legten. In ihren Klöstern und Schlössern stiegen selbst im Sommer die Raumtemperaturen selten über 16°C an, was bis heute genau die optimale Serviertemperatur für kräftige Rotweine ist. Nach modernen Maßstäben ist das am ehesten die Speiseraum- oder Kellertemperatur. Leichte, helle junge Rotweine, etwa die mineralischen Cabernets francs von der Loire (Chinon, St-Nicolas de Bourgueil) oder die famosen Crus aus dem Beaujolais (z.B. Morgon, Moulin-à-Vent) schmecken sogar am leckersten, wenn sie mit 12 bis 14°C serviert werden.

ESSENSBASICS

SIEBEN SINNE

SÜSSSAUERSALZIGBITTERFETTIGSCHARFUMAMI

Limbisches Gefühl
Wer Weinschnuppern affig findet, verpasst etwas, denn der Duft gelangt direkt in das Gefühlszentrum des Gehirns, das limbische System. Hier werden allerlei Assoziationen, Erinnerungen und Instinkte aktiviert. Ein Wein kann dann nach Weihnachten duften, uns in Urlaubsstimmung versetzen oder an eine große Liebe erinnern. Das ist doch weitaus spannender als süß oder sauer.

Für den Geschmack sind gleich zwei menschliche Organe zuständig: die Nase bzw. das Riechepithel und die Zunge bzw. die darauf befindlichen Geschmacksknospen. Die Nase wird dabei vielfach unterschätzt. Wissenschaftler gehen davon aus, dass bis zu 80 % unseres Geschmacksempfindens diesem sensiblen Organ zu verdanken sind. Geübte Nasen sind in der Lage, allein im Wein 400 Aromen zu unterscheiden.

Vielen Menschen hingegen fällt ihre Nase nur in Gefahrensituationen auf, wenn es im wahrsten Sinne des Wortes brenzlig riecht oder wenn dem Weinglas verdächtige Düfte nach faulen Eiern – ein als Böckser bekannter Fehlton – entströmen. Dabei hat die Nase ihre Arbeit längst nicht getan, wenn eine Speise im Mund verschwunden ist. Durch den Nasenrachenraum gelangen retronasal – was für ein schönes Wort! – Aromen zum Riechepithel. Wenn Sie also in einem Glas Weiß-wein eine pralle Pfirsichnote zu schmecken meinen, ist dies genau genommen eine Sinnes-täuschung. Schmecken tun Sie lediglich Süße und Säure, den Rest vom Pfirsich riechen Sie retronasal. Im Gehirn wird das Ganze dann zu einem prallen Ganzen zusammengefügt.

Im Vergleich zur filigranen Nase ist die Zunge ein eher grobschlächtiges Organ. Gerade mal sieben Grundempfindungen kann sie unterschei-den. Zu den vier Klassikern süß, sauer, salzig und bitter konnte die Wissenschaft in letzter Zeit noch fettig, Umami (wohlschmeckend) und scharf hinzufügen. Diese sieben entscheiden letztlich, ob uns ein Essen schmeckt und ob ein Wein zu einer Speise passt. Was darüber hinausgeht, ist ein weites Aromenfeld, das man getrost den Sommeliers und Weinakademikern überlassen kann. Schauen wir uns die sieben Grundempfin-dungen also einmal etwas näher an.

GERUCH UND GESCHMACK

Die Verarbeitung von Geschmacks- und Geruchsinformationen im Gehirn ist höchst komplex und weitgehend unerforscht. Grob vereinfacht ergibt sich folgendes Bild: Der Geschmack wird von den Papillen auf der Zunge aufgenommen und gelangt über den Thalamus – das Verteilzentrum des Gehirns – direkt in den gustatorischen Kortex, das bewusste Geschmackszentrum. Der Geruch gelangt über Riechepithel und Thalamus zunächst in das limbische System – unser Gefühlszentrum. Hier mischen sich Geruchsinformationen mit Erinnerungen, aber auch mit Instinkten – all dies ist nicht bewusst steuerbar.

Geruchsbahn
Geschmacksbahn
Thalamus (Verteilzentrum)
Limbisches System (Gefühlszentrum)
Gustatorischer Kortex (Geschmackszentrum)

SÜSS

Süß ist wieder im Kommen, auch und gerade in der herzhaften Küche. Nicht nur die Lebensmittelindustrie in ihren Fertiggerichten, auch eine junge Generation begnadeter Köche setzt auf die geschmacksverstärkende Kraft einer im Hintergrund wirkenden Süße. Süß verträgt sich mit allen anderen Geschmacksrichtungen – z. B. in den Kombinationen süß und sauer, süß und bitter, süß und salzig – und hat dazu noch eine ausgleichende Wirkung auf extreme Schärfe oder Säure. Doch so wunderbar süß und sauer zusammen funktionieren (etwa im Balsamico), so extrem reagieren die beiden nacheinander. Ein säurebetonter grüner Wein zu einer süßlichen Speise schmeckt geradezu ätzend. Das gleiche Phänomen gilt für bitter auf süß.

Die Empfindung von Süße bei einem Wein ist nicht immer Zeichen eines erhöhten Zuckergehalts, den Begriffe wie »halbtrocken« oder »lieblich« auf dem Etikett signalisieren. Die als Fruchtsüße bezeichneten Aromen reifer Beeren oder reifen Obstes im Wein sind häufig zuckerfrei zu haben. Weiter gibt es die Alkoholsüße, die sich bei Weinen oberhalb von 13,5 % bemerkbar macht. Und schließlich die Eichenholzsüße: Weine, die im Barrique, dem kleinen Eichenfass, reifen, nehmen aus dem Holz einen Geschmack an, der an Karamell erinnert. Barrique-Ausbau, reife Fruchtnoten, Körperreichtum – diese Merkmale finden sich vor allem bei Weißweinen des orangen Geschmackstyps und Rotweinen des rubinroten Typs. Zu herzhaft-süßen Speisen sind diese beiden Weintypen darum erste Wahl.

GOLDENE REGEL NR. 3

Suche nach geschmacklichen Kontrasten

Blasse Weine, die nach dem Motto »Bloß nichts falsch machen« ausgewählt werden, sind langweilig. Geben Sie dem Essen mit dem Wein einen zusätzlichen Kick. Ein keck-saurer grüner Sauvignon blanc hilft dem fetten Krustenbraten auf die Sprünge. Die süßen Mangonoten in einem asiatischen Curry spielen prächtig mit Süße und Säure eines orangen Rieslings, das kraftvollbittere Tannin eines dunkelroten Chianti bittet die herzhaften Umami-Noten einer reduzierten Tomatensauce zum Tanz. Scheuen Sie sich nicht vor Kontrasten – und wenn's mal danebengeht, ist das auch kein Drama.

SAUER

Die Säure transportiert im Wein nahezu alle Fruchtaromen, von Zitrus über Kernobst und Steinfrüchte bis zu roten und schwarzen Beeren. Sie attackiert allzu fettiges Essen und belebt herzhafte (Umami) Fleischgerichte. Sie spielt hervorragend mit der Süße zusammen, nicht nur in der asiatischen Küche. In all diesen Fällen verliert sich das bei vielen schlecht beleumdete »Sauer« in einem tollen Geschmackserlebnis. Bevor Sie also über säurebetonte Weine des grünen oder dunkelroten Typs wie Riesling oder Cabernet Sauvignon voreilig den Stab brechen, sollten Sie sie einmal zum Essen probieren.

Doch die Säure hat auch ihre problematischen Seiten: Sauer auf sauer, sauer auf bitter sowie sauer auf scharf sind drei Kombinationen, die Sprengstoff enthalten. Gambas in Limonensauce, Artischocken oder ein scharfes Thaicurry gehen mit säurebetonten Weinen nicht zusammen.

SALZIG

Steinsalz, Fleur de sel, Wüstensalz – das Angebot ist groß und oft überraschend gut. Dass Salz auch im Wein selbst eine Rolle spielt, mag manche wundern. Es versteckt sich hinter der Wortneuschöpfung »Mineralität«. Alte Rebstöcke ziehen aus tiefen Bodenschichten Mineralstoffe – Salze oder Kalke – und lagern diese in den Trauben ein. Mineralisch geprägte Weine, z. B. von Schieferböden, können also durchaus eine leicht salzige Komponente haben. Gerade zu Meeresfrüchten und Seefisch sind solche Weißweine, etwa von der Mosel oder aus dem Chablis, aber auch ein Muscadet von der Loire allererste Wahl. Am ausgeprägtesten finden sich salzige Komponenten beim grünen Weintyp.

BITTER

Gewürze, die eine bittere Note ins Essen bringen, sind selten: Wacholder, Koriander, die nahezu vergessenen Beifuß und Piment, mit Abstrichen auch Kreuzkümmel. Der früher oft bitteren Aubergine wurde diese Note weitgehend weggezüchtet, und auch richtig bitteren Radicchio findet man immer seltener. Gut, dass es für dieses schwarze Loch im Aromenkosmos den Rotwein gibt. Tanninbetonte Rotweine des dunkelroten Geschmackstyps harmonieren sehr gut mit herzhaften, intensiven, kräftig gewürzten Speisen. Bei ausgesprochen sauren Gerichten und sehr scharfem Essen kann es allerdings unangenehm werden, weil sich die Komponenten gegenseitig verstärken.

Auch Weißweine können einen Bitterton aufweisen – im negativen Sinne, wenn sie stark alkoholisch sind, im positiven, wenn sie nach Grapefruit oder frischem Gras schmecken wie z. B. der grüne Sauvignon blanc. Typisch für den gelben Geschmackstyp ist eine leicht bittere Mandelnote im Nachhall, die man in vielen italienischen Weißweinen finden kann.

FETTIG

Geahnt haben wir es schon immer, jetzt ist es erwiesen: Fett kann man schmecken. Neueste Forschungen haben Fettrezeptoren auf der Zunge nachgewiesen. Bisher ging man davon aus, dass Fett ausschließlich wegen seiner Konsistenz und des daraus resultierenden Mundgefühls entweder geschätzt oder verachtet wird. Unserer Erfahrung nach dämpft Fett den Geschmack von Schärfe, Bitterkeit und Säure und macht eine Speise kräftiger. Im Wein selbst gibt es kein Fett. Die umgangssprachliche Bezeichnung »fetter Wein« bezieht sich auf einen hohen Alkoholgrad und eine als ölig empfundene Konsistenz.

Zu fetten Speisen empfehlen wir säurebetonte Weine. Säure knackt nicht erst im Magen die chemisch betrachtet »langen« Fettverbindungen, die Wirkung ist auch schon im Mund sehr erfrischend. Es ist vielleicht kein Zufall, dass es gerade in Deutschland mit seinem Hang zu Sahnesaucen und Fettkrusten viele säurebetonte Rebsorten des grünen Typs wie Riesling oder Scheurebe oder des lila Typs wie Spätburgunder gibt.

SCHARF

Bei Schärfe reagiert die Zunge auf eine chemische Gewebeverletzung, also auf Schmerz. Wer beim Kochen gern mit Schärfe – sei es Chili oder scharfer Senf – experimentiert, sollte daher auf säure- oder tanninbetonte Weine verzichten, weil diese den Schmerz nochmals verstärken.

Daher empfehlen wir zu scharfen Speisen üppige, gern auch restsüße oder im Barrique ausgebaute orange Weißweine oder einen sanftmütigen rubinroten Rotwein mit wenig Säure. Vorsicht ist immer dann geboten, wenn beim Kochen mit Extremen gespielt wird. Ein bisschen Schärfe verträgt jeder Wein, doch wenn das Chilipulver in Löffeln bemessen wird oder der Limettensaft in Dezilitern, wird es kritisch.

UMAMI

Die Stoffe, auf welche die Zunge hier reagiert, sind Glutamate, die vor allem in eiweißhaltigen Lebensmitteln vorkommen und durch Garen oder Trocknen aktiviert werden. Der Geschmack von Umami lässt sich am besten mit den Zutaten beschreiben, in denen Glutamate verstärkt vorkommen: rohes Fleisch, Thunfisch, Fleischfond, Gemüsebrühe, Pilze, Sojasauce, Hefeextrakt, reifer Käse oder Tomatenmark – also eigentlich alles, was herzhaft und lecker ist.

Umami verlangt nach intensiv schmeckenden Weinen, da allzu zarte Aromen Gefahr laufen unterzugehen. Häufig wird auf eine Unverträglichkeit von Umami mit sauren und bitteren Komponenten hingewiesen. Das trifft sicher bei reifem Käse und rohem Fisch zu, bei allen anderen Speisen mit Umami-Geschmack empfehlen wir, in die Vollen zu gehen. Die herzhaften Weintypen Grün, Lila und Dunkelrot finden hier ein wunderbares Betätigungsfeld.

GESCHMACK UND WEIN IM ÜBERBLICK

		WEINTYPEN
FETT	+ SÄUREBETONTE WEINE	😊 😊 😊
SÜSSE	+ SÜSSSAURE WEINE	😊 😊
UMAMI	+ TANNINBETONTE WEINE	😊 😊
SALZ	+ MINERALISCHE WEINE	😊 😊 😊
SCHÄRFE	+ SÜSSSAURE WEINE	😊
SCHÄRFE	+ ÜPPIGE, SAMTIGE WEINE	😊

		WEINTYPEN
SÄURE	+ SÄUREBETONTE WEINE	☹ ☹
BITTERKEIT	+ SÄUREBETONTE WEINE	☹ ☹
SCHÄRFE	+ SÄUREBETONTE WEINE	☹ ☹ ☹
SCHÄRFE	+ WEINE MIT HARTEN TANNINEN	☹

SUCHE DIE SAUCE!

Der Mann ist schwer enttäuscht. Vor ein paar Tagen hat er sich im Weingeschäft einen Wein zum Fisch empfehlen lassen. Nun ist er gekommen, um sich zu beschweren. Im Gespräch stellt sich heraus, dass der Fisch in einer reduzierten Tomatensauce mit reichlich Knoblauch schwamm, abgeschmeckt mit einer gut bemessenen Dosis Chili. Der vom Händler als »elegant und mineralisch« angepriesene Weißwein schmeckte dazu nur noch eins – säuerlich.

Dieser Vorfall illustriert eine der wichtigsten Regeln bei der Kombination von Wein und Speisen: Orientiere dich an der dominanten Zutat. Und das ist in diesem Fall mitnichten der Fisch, der kommt erst an vierter Stelle hinter der reduzierten Tomatensauce, dem Chili und dem Knoblauch. Darum wäre ein samtiger Rotwein des rubinroten Typs hier die passende Wahl gewesen oder vielleicht – da es sich ja letztlich doch um ein Fischgericht handelt – ein sehr üppiger Weißwein des orangen Typs. Falls Sie unsicher sind, welches denn die dominante Zutat ist, gehen Sie einfach von der Sauce aus. Sie hat den größten Einfluss auf den Geschmack einer Speise.

Und hier noch zwei weitere Regeln, die Sie sich unbedingt merken sollten. Erstens: je dunkler die Sauce, desto roter der Wein. Zweitens: je schärfer die Sauce, desto säureärmer der Wein. Es folgen die wichtigsten Saucentypen aus Sicht des Weins – von leicht zu schwer.

VINAIGRETTE, ZITRONENDRESSING

Immer wenn leichte Salate und Antipasti mit sehr säurebetonten Saucen abgeschmeckt werden, sollten Sie beim Wein auf zusätzliche Säure verzichten. Zu in Balsamico eingelegten Zucchini oder Paprika ist ein milder, also gelber Weißwein oder ein lila Rosé die erste Wahl, z. B. ein Custoza oder Chiaretto vom Gardasee. Ist die Vinaigrette zusätzlich mit Honig verfeinert, scheuen Sie sich nicht, einen halbtrockenen Wein dazu zu reichen – Ihre Gäste werden es in dieser Kombination gar nicht merken!

SAHNESAUCE, KOKOSMILCHSAUCE, HOLLANDAISE

Sahne, Kokosmilch und Butter sind sehr fetthaltig. Fett mildert starke Aromen und dominiert Speisen auf die softe, gelegentlich auch mütterlich erdrückende Art. Daher kann als Gegengewicht ein knackiger grüner Weißwein oder ein charmanter lila Rotwein nicht schaden. Zu einer Pasta mit Porree-Sahnesauce blüht ein Riesling richtig auf und zu einem Zürcher Geschnetzelten kann es auch mal ein roter Beaujolais sein.

SEHR SCHARFE SAHNE- ODER KOKOSMILCHSAUCE

Auch die dickste Sahne oder Kokosmilch kann sehr scharfe Gewürze am Gaumen nicht mehr abpuffern. Jetzt heißt es Säure vermeiden, denn diese ergibt zusammen mit der Schärfe einen

WEIN UND SAUCE

WELCHER WEIN HARMONIERT AM BESTEN ZU WELCHEN SAUCEN?

			PASSENDE WEINTYPEN
VINAIGRETTE, ZITRONENDRESSING	+	säurearme mittelintensive Weißweine	🙂 😐 😐 😐 ☹️ ☹️
SAHNESAUCE, KOKOSMILCHSAUCE, HOLLANDAISE	+	junge, säurebetonte Weißweine und fruchtbetonte, tanninschwache Rosé- und Rotweine	🙂 🙂 😐 😐 😐 ☹️
SEHR SCHARFE SAHNE- ODER KOKOSMILCHSAUCE	+	intensive, milde Weißweine und samtige Rotweine, auch halbtrocken	🙂 🙂 😐 😐 🙂 😐
FISCHSAUCEN	+	mineralische, frische Weißweine und fruchtige, kräuterwürzige Rosés	🙂 🙂 😐 😐 ☹️ ☹️
HELLE FLEISCH- ODER GEMÜSESAUCEN	+	alle Weintypen mit Ausnahme sehr körperreicher, intensiver Rotweine	🙂 🙂 🙂 😐 ☹️ ☹️
TOMATENSAUCE	+	intensive Weißweine und säurearme mittelintensive Rotweine	😐 🙂 🙂 😐 😐 ☹️
SÜSSSAURE SAUCEN, KARAMELLISIERTE SAUCE	+	Weine mit süßer Komponente, sei es durch Fruchtsüße, alkoholische Süße oder Barrique-Ausbau	🙂 🙂 🙂 😐 ☹️ ☹️
DUNKLE BRATENSAUCE, PILZSAUCE, SOJASAUCE	+	intensive, körperreiche und komplexe Rotweine	😐 😐 🙂 😐 ☹️ ☹️

GOLDENE REGEL NR. 4

Orientiere Dich an der dominanten Zutat

Wenn in einem Gericht viele Zutaten zusammenkommen, gibt die kräftigste unter ihnen bei der Weinwahl den Ton an. In aller Regel ist das die Sauce. Achten Sie besonders auf Schärfe und Säure, denn diese beanspruchen eine geschmackliche Führungsrolle.

wahrhaft höllischen Mix. Wenn Sie es also auf mehr als einen Hauch Schärfe anlegen, z. B. bei einem Tafelspitz mit Meerrettich-Senf-Sauce, weichen Sie auf gelbe oder orange Weißweine oder samtige rubinrote Rotweine aus.

FISCHSAUCEN

Bei Fischsaucen sind Umami und salzig die bestimmenden Noten. Zu einem französischen Klassiker wie einer Sauce aus Fischfond, Wermut, Schalotten und Dill käme der anfangs erwähnte elegante, mineralische Weißwein des grünen Geschmackstyps – etwa ein Sauvignon blanc oder ein Picpoul – wunderbar zur Geltung.

HELLE FLEISCH- ODER GEMÜSESAUCEN

Wenn Sie Kalbfleisch oder Geflügel z. B. mit Weißwein oder Fond ablöschen und daraus eine Sauce gewinnen, haben Sie beim Wein die freie Wahl, ebenso bei Saucen auf Gemüsebasis wie pürierten Möhren oder Sellerie. In beiden Fällen würden wir jedoch auf sehr intensive Vertreter des dunkelroten und rubinroten Typs verzichten.

TOMATENSAUCE

Das Herzstück der mediterranen Küche ist herzhaft (Umami), hat eine saure Komponente und in Verbindung mit Zwiebeln oder Möhren auch eine unterschwellige Süße. Eine »einfache« Tomatensauce ist von mittlerer Intensität und verträgt sich gut mit allen drei Rotweintypen

dieser Gewichtsklasse. Sehr tanninhaltige und damit bittere Rotweine (z. B. Nebbiolo, Syrah oder Cabernet Sauvignon) wirken allerdings zu leichten Tomatensaucen noch härter auf der Zunge. Auf grüne Weine sollten Sie wegen der Säure verzichten, leichte gelbe Weine gehen unter.

SÜSSSAURE SAUCEN, KARAMELLISIERTE SAUCEN

Sobald in einem Gericht Süße ins Spiel kommt, braucht auch der Wein eine entsprechende Note. Deutsche Weißweine – auch trockene – haben von Haus aus meistens einen leicht süßen Touch. Andere Weißweine können aufgrund ihres hohen Alkoholgehalts süßlich schmecken. Alle Weine aus dem kleinen Eichenfass, dem Barrique, passen wegen ihrer Vanille- und Karamellnoten gut zu süßsauren Speisen. Bezogen auf unsere »Farbenlehre« heißt das: Süßsauer harmoniert mit Weinen des orangen und des rubinroten Typs.

DUNKLE BRATENSAUCE, PILZSAUCE, SOJASAUCE

Wenn dunkles Fleisch scharf angebraten und dann lange geschmort wird, gut gewürzte Tomatensauce stundenlang vor sich hin köchelt, Pfifferlinge oder Steinpilze im Spiel sind oder geschmacksverstärkende Sojasauce nicht nur tröpfchenweise eingesetzt wird, dann schlägt die Stunde der schweren Rotweine des Typs »charakterstark+kräftig« oder »samtig+weich«.

IRRTUM NR. 4

Selbstgemacht oder Regal, egal!

Manchmal muss es eben schnell gehen. Und dann sind Tomatensauce, Pesto, Currypaste & Co. aus dem Supermarkt einfach ein Segen. Doch wenn Sie dazu dann Ihren Lieblingswein öffnen, schmeckt der Sauvignon blanc so unglaublich sauer und der Chianti zeigt sich ganz bitterlich zickig. Die Erklärung dieses Phänomens heißt Zucker. Die Produzenten haben entdeckt, dass Süße den Geschmack vorteilhaft verstärkt. Obendrein bedienen sie dadurch die Vorlieben der Generation Cola. Doch diese Süße macht es trockenen Weinen sehr schwer, denn sie arbeitet die bitteren und sauren Noten im Wein erst richtig heraus. Was ist also zu tun? Entweder Produkte ohne Zuckerzusatz kaufen oder aber passende Weine auswählen. Diese können säure- und tanninarm sein oder – noch besser – selbst eine süße Komponente haben. Hier unsere Empfehlungen für die gängigsten Fertigsaucen.

VORSICHT SÜSSE! WAS TRINKE ICH ZU FERTIGSAUCEN?

			PASSENDE WEINTYPEN
BOLOGNESE-SAUCE, TOMATEN-BASILIKUM-SAUCE	+	süditalienische Rotweine wie Nero d'Avola, Primitivo oder Salice Salentino – sie sind mild, kräuterwürzig und haben eine feine, an Kompott erinnernde Fruchtsüße	🙂 ☹️
KETCHUP	+	spanische Crianzas oder Reservas – durch die Reifung im Holzfass haben sie selbst viele würzige Karamellnoten	🙂 🙂 🙂
BARBECUE-SAUCE	+	kalifornischer Merlot und Zinfandel – diese superweichen und fruchtigen Weine passen perfekt zum honigsüßen und Hickory-rauchigen Saucenklassiker aus den USA	🙂
PESTO	+	italienische Weißweine – sie haben wenig Säure und sind gegen Zucker gewappnet – und deutsche »Classic«-Weißweine – ihr Geschmack liegt zwischen trocken und halbtrocken	🙂 🙂
CURRYSAUCEN, CURRYPASTEN	+	Chardonnays aus Übersee, üppige Grauburgunder und halbtrockene Rieslinge – sie alle passen perfekt zum süß-scharfen Geschmack der Currysauce	🙂

TEAMBILDUNG

ZUTATEN UND WEIN

In diesem Kapitel geht es darum, welche Weinvorlieben die verschiedenen Fleisch-, Wild- und Geflügelarten sowie Fisch, Meeresfrüchte und Gemüsesorten hervorgebracht haben.

FLEISCH

Vieles hat sich geändert in Deutschlands Küchen, doch eines ist gleich geblieben: Wenn ein aufwendiges Menü gekocht wird, steht in der Regel ein Stück Fleisch im Mittelpunkt. »Ich hätte gern einen Wein zum Braten«, lautet denn auch der häufigste Kundenwunsch im Weinhandel. Dass es bisweilen sinnvoller wäre, nach einem Wein für die Sauce zu suchen, in welcher das Tier vor sich hin schmort, haben wir bereits betont. Und es macht einen großen Unterschied, ob das Fleisch in einer Suppe schonend gekocht oder auf dem Grill unter Feuer gesetzt wird. Dennoch haben die einzelnen Fleischarten ihre Lieblingsweine.

SCHWEIN

Bei keiner Zutat kann man so wenig falsch machen wie beim Borstenvieh. Zum Schwein passt jeder Wein – eine Regel, die man sich leicht merken kann, weil sie sich reimt. Gehen wir vom klassischen Schnitzel oder Rollbraten aus, dann ist Schweinefleisch mittelintensiv und hat einen leicht säuerlich-herben, aber keineswegs ausgeprägten Eigengeschmack. Es ist diese aromatische Zurückhaltung, die Schweinefleisch so vielfältig kombinierbar und für die Weinwahl so unkompliziert macht. Was das Schwein zudem bei vielen beliebt macht und ebenso viele die Nase rümpfen lässt, ist sein Speck. Ob Haxe, Krustenbraten oder Bratwurst – beim Schwein wird es deftig, der Speck »schmiert« das ansonsten eher trockene Fleisch.

Wie gesagt, Vorschriften bei der Weinauswahl gibt es nicht, aber Vorlieben. Da, wo es speckig

zugeht, bevorzugen wir säurebetonte grüne, lila oder dunkelrote Weine, z. B. Scheurebe, Zweigelt oder Cabernet Sauvignon. Aber auch ohne Speck haben Schweinegerichte für uns immer etwas Gemütliches, Herzhaftes und Zupackendes. Darum passt neben den genannten drei häufig auch ein gelber Wein – etwa zu Scaloppine ein guter Pinot grigio. Von allzu weichgespülten rubinroten Rotweinen würden wir allerdings ebenso Abstand nehmen wie vor zu extravaganten Weinen des orangen Typs.

Eine Ausnahme bei Schweinefleisch bilden Schinken und Salami. Hier wird durch das Trocknen des Fleisches viel Umami aktiviert und entsprechend kräftiger und herzhafter ist der Geschmack. Das erfordert einen intensiveren Wein mit Tendenz zu rubinrot und dunkelrot – ein Tempranillo zum Pata-Negra-Schinken oder ein Montepulciano zur Coppa bieten sich hier an.

KALB

Als helles Fleisch hat Kalb ebenso wie Schwein einen mittelintensiven Geschmack, ist aber – jetzt dürfen wir es ja sagen – weniger »stallig«, dafür feiner, ein wenig süßer und wohlschmeckender. Kalb ist das Fleisch für die eleganten gelben und lila Rebsorten: Weißburgunder, Chardonnay, Spätburgunder, Pinot noir, Gamay. Als Tafelspitz ist Kalb das einzige Fleisch, das es auch als gekochtes Gericht zu Ruhm und Ehren bringt.

RIND

Das »fleischigste« aller Fleische ist intensiv im Geschmack, mit viel Protein und damit Umami-Potenzial, wenig Fett und viel Saft. Wer es mag, kann es auch »blutig« essen (ein Begriff, der in die Irre führt – die rote Flüssigkeit ist Bratensaft). Bei der Weinwahl zum Rind heißt die entscheidende Frage: geschmort oder gegrillt?

Luftgetrockneter Schinken reichert Glutamat an, den Grundstoff für den Umami-Geschmack.

IRRTUM NR. 5

Zu hellem Fleisch immer Weißwein, zu dunklem immer Rotwein

Es gibt sie noch, die Gralshüter der wahren Tischsitten. Und für sie ist es ein unumstößliches Gesetz, dass zu Huhn selbstverständlich ein Weißwein ins Glas gehört und zum Rinderbraten unter allen Umständen ein Rotwein. Worauf immer diese Regel gründet – Bewahrung von Traditionen, ästhetische Gesichtspunkte oder ein standfester Glaube –, geschmacklich ist sie jedenfalls nicht haltbar. Nun wollen wir nicht umgekehrt in eine ebenso fundamentalistische Position verfallen und behaupten, alle Regeln seien per se zu ignorieren. Denn als grobe Orientierung im Dschungel der zehntausend Weine ist weiß zu hell und rot zu dunkel durchaus brauchbar. Aber dahinter steckt keine Farbenlehre, sondern die Frage nach der Intensität von Geschmack.

Helles Fleisch schmeckt in der Regel weniger intensiv als dunkles, Weißwein zumeist weniger intensiv als Rotwein. Da Speisen und Wein sich geschmacklich möglichst auf Augenhöhe – also auf dem gleichen Intensitätslevel – treffen sollten, hat die Hell-dunkel-Regel durchaus einen wahren Kern. Aber die Ausnahmen sind zahlreich. Es gibt orange Weißweine, die es spielend mit einem ausgewachsenen Rind aufnehmen können, etwa eine Riesling Spätlese oder ein im Barrique gereifter Chardonnay. Andererseits passen rote Leichtgewichte des lila Typs wie ein Kalterersee oder ein Trollinger zwar selten zu Rind, aber sehr wohl zu Fisch. Intensität ist eben nicht allein eine Frage von weiß oder rot.

Und um gleich noch mit einem weiteren Irrtum aufzuräumen: Die Färbung eines Weins sagt wenig über seine Kraft aus. Der Barolo, einer der mächtigsten Weine der Welt, präsentiert sich in einem unspektakulären hellen Rot, während jeder niedliche Dornfelder sich in wuchtigem Purpur kleidet. Und die goldene Tönung eines Weißweins kann zwar Folge eines geschmacklich intensiven Barrique-Ausbaus sein, vielleicht aber auch nur Zeichen von Oxidation und Überalterung eines ganz banalen Weinchens. Was lernen wir daraus? Geschmack kann man nicht sehen – und das ist auch gut so!

Bei gegrilltem oder kurz gebratenem Rindfleisch bleiben Proteine und Umami-Geschmack erhalten. Dazu kommt es an der Oberfläche zur sogenannten Maillard-Reaktion (siehe Zubereitungsarten, Seite 57). Das Fleisch wird um Karamellnoten und Röstaromen angereichert. Genau diese Art Aromen gibt auch das kleine Eichenfass an den Wein ab. Darum sind rubinrote spanische Crianzas oder Reservas bzw. argentinische Malbecs oder ein fassgereifter oranger Chardonnay die perfekte Ergänzung zu Ihrem Steak.

Beim Schmoren zerfällt das Protein und das Rindfleisch wird nach einiger Zeit butterzart, verliert dabei aber an Saftigkeit und Umami-Geschmack, der sich in der Sauce konzentriert. Hier schlägt die Stunde der dunkelroten Charakterköpfe unter den Rotweinen, die mit Säure, kompaktem Tannin und geballtem Körper das Rind bei den Hörnern packen. Beispiele gefällig? Rotweine von der Rhône, ein Monastrell aus Südspanien oder ein Nebbiolo aus dem Piemont. Wer es lieber weiß mag, kann es mit einer mächtigen Pfälzer Riesling Spätlese oder einem opulenten Gavi versuchen, die beide aus dem orangen Geschmacksspektrum kommen, aber die nötige Säure mitbringen.

LAMM

Lamm schmeckt nicht nur intensiv, sondern auch ein wenig tranig. Bei älteren Tieren kommen dann noch Noten hinzu, die in Worte zu kleiden der

Anstand verbietet. Also stellen Sie sicher, dass es sich bei dem, was in Ihrem Ofen landet, wirklich um Lamm handelt und nicht um einen Bock.

Bei Lammfleisch sind zwei Weinstrategien möglich. Man kann das Lamm auf australische Art vollständig »umarmen«, d. h. mit einem üppigen, samtigen, kompottfruchtigen, mithin rubinroten Shiraz aus Down Under balsamieren. Das empfiehlt sich etwa zu gegrillten Lammkoteletts oder Filets.

Die zweite Strategie setzt auf kontrastierende Aromen und eignet sich vor allem beim Niedrigtemperaturgaren, wo das Lamm innen rosig bleibt. Im Kern geht es darum, mit brillanten Fruchtaromen und mineralischen Noten das Tranige zu neutralisieren und gleichzeitig die wunderbaren Lammfleischaromen zu beleben. Das gelingt hervorragend mit einem intensiven grünen Sauvignon blanc – einer aus Neuseeland wäre zum Lamm natürlich perfekt! –, einem lila Barbera oder einem dunkelroten portugiesischen Dão. Das ist zwar etwas riskanter, aber auch beim Wein gilt: no risk, no fun!

WILD

Wildwechsel der anderen Art: Noch vor wenigen Jahren gehörte der strenge Geschmack, der sogenannte Hautgout, beim Wild zum guten Ton. Durch unendliches Schmoren, reichlich Preiselbeer-Parfum und die modrige Tanninsüße eines mächtigen, gereiften Rotweins versuchte man ihm

Animalisch
Bis vor wenigen Jahren galten sogenannte animalische Noten im Wein – also Schweiß, Räucherspeck oder Kuhstall – als Qualitätsmerkmal. Besonders Weine von der südlichen Rhône, z. B. der Châteauneuf-du-Pape, waren dafür berühmt. Heute sehen Experten darin eher einen Fehlton, der durch einen als »Brett« (von Brettanomyces) bekannt gewordenen Pilz hervorgerufen wird, der gern alte Weinfässer befällt.

Zartes Geflügel sollten Sie nicht mit groben Weinen verschrecken – eine dankbare Aufgabe für Weine des gelben Typs.

beizukommen. Dass dieser Hautgout kein gottgegebener Zustand ist, wurde mit der Einführung von Kühlräumen für die Ablagerung des Wildbrets offenbar. Markant schmeckt Wild heute immer noch, aber nicht mehr animalisch. Das langwierige Beizen und Spicken ist Garmethoden gewichen, welche die Saftigkeit erhalten. Und auch bei den begleitenden Weinen zählt nicht mehr allein schiere Kraft und gereifte Männlichkeit.

WILDSCHWEIN

Das Wildschwein schmeckt etwas herber als das Hausschwein und ist durchtrainierter – also weniger fett. Der Merksatz »Zum Schwein passt jeder Wein« gilt in puncto Farbenlehre weiterhin, allerdings erfordert das erhöhte Kampfgewicht des Tieres intensivere Weine. Für die meisten Tropfen des grünen und gelben Typs wird die

Luft schon recht dünn. Allzu Schmeichelndes aus dem rubinroten Spektrum passt zur wilden Sau ebenso wenig wie »fette«, üppige Tropfen des orangen Typs. Bleiben also z. B. ein kraftvoller grüner Sancerre, ein lila Gamay oder ein dunkelroter Chianti Classico.

REH

Das Reh bewegt sich nicht nur elegant, es schmeckt auch so, besonders wenn es durch schonendes Schmoren in Butter noch rosig bleibt. Zum würzigen, an Leber erinnernden Geschmack passen nach unserem Dafürhalten akzentuierte Rotweine mit brillanter Frucht und präsenten Tanninen aus dem lila und dunkelroten Farbspektrum – ein Spätburgunder von der Ahr, ein Barbaresco aus dem Piemont oder ein Médoc aus Bordeaux.

HIRSCH

Macht fordert Macht heraus. Beim Hirsch, egal ob in Form von Gulasch oder Braten, schlägt die Stunde eines südfranzösischen Syrah aus dem Languedoc, eines südafrikanischen Pinotage oder eines Brunello di Montalcino: Intensität auf höchstem Niveau aus dem rubinroten und dunkelroten Spektrum.

GEFLÜGEL

Huhn, Ente & Co. können unendlich zart, filigran und saftig schmecken – vorausgesetzt, das Geflügel kommt nicht als neutral-faseriger Nugget daher. Bei keinem anderen Fleisch ist der Garzeitpunkt so wichtig wie beim Federvieh: gerade durchgegart. Die Weinwahl richtet sich danach, ob es sich um helles oder dunkles Geflügel handelt.

HUHN UND PUTE

Schrecken Sie helles Geflügel nicht mit greller Frucht oder bitterem Tannin auf! Weine, die sich in vornehmer Zurückhaltung nähern, sind die richtige Wahl. Florale Aromen, eine milde Frucht, eleganter Körperbau – so sieht der ideale Wein zu einer hellbraun angebratenen Hühnerbrust aus. Vor allem der gelbe Geschmackstyp erfüllt diese Kriterien, z. B. ein Silvaner aus Franken oder ein spanischer Verdejo. Aber auch ein Blanc de Noirs – also ein gelber Weißwein aus Rotweintrauben – oder ein säurearmer lila Rosé aus der Provence sind sehr zu empfehlen.

ENTE

Brust oder Keule – daran entscheidet sich bei der Ente die Weinwahl. Eine knusprig auf der Haut angebratene rosige Entenbrust hat Röst- und Karamellaromen, die auch im Barrique gereiften Weinen des rubinroten Typs eigen sind. Eine Rioja Crianza wäre daher die perfekte Begleitung. Beim Schmoren der Keule oder der ganzen Ente nimmt das Fleisch im Zusammenspiel mit der Sauce und der Füllung eine andere Aromatik an. Für einen Klassiker wie Ente à l'orange kämen auch ein kraftvoller oranger Weißer, z. B. ein Vouvray, oder ein dunkelroter Südfranzose wie der Fitou in Frage.

GANS

Es ist Weihnachten und am Tisch sitzt die Großfamilie, die vom Wein vor allem eines sein will – beeindruckt. Daher lautet unsere Empfehlung: Stellen Sie zwei Flaschen eines unendlich samtigen rubinroten Spaniers auf den Tisch, etwa eine Ribera del Duero Reserva, die alle glücklich macht. Und unter den Tisch stellen Sie wahlweise einen Riesling Großes Gewächs des orangen oder einen edlen Pinot noir des lila Geschmackstyps, von dem Sie sich selbst bedienen. Beide haben die Größe, die Säure und die Komplexität, der etwas behäbigen Gans wirklich auf die Sprünge zu helfen. Nur diskutieren wollen Sie solche kulinarischen Feinheiten unter dem Weihnachtsbaum nun wirklich nicht.

FISCH UND MEERESFRÜCHTE

Fisch ist heutzutage ein rarer Genuss. Edelfische wie die Seezunge sind nahezu unerschwinglich geworden. Kam vor einer Generation zumindest im Norden der Kabeljau noch regelmäßig als freitäglicher Kochfisch auf den Tisch, gilt er heute als Delikatesse. Wenn Sie also Fisch zubereiten, konzentrieren Sie sich auf den Eigengeschmack des zarten, unendlich feinen Fleisches. Für die Weinwahl ist der Lebensraum des Tieres von entscheidender Bedeutung: Meer oder Binnengewässer. Seefisch und Meeresfrüchte zeichnen sich durch eine natürliche Salzigkeit aus, Fische aus Binnengewässern sind häufig ein wenig fetter. Bei gründelnden Arten wie dem Karpfen kommt eine leicht modrige Komponente hinzu, die man mit dem richtigen Wein abpuffern kann.

SEEFISCH UND MEERESFRÜCHTE

Es mag Einbildung sein, doch zu Seefisch und Meeresfrüchten passen für uns am besten Weine, die in der Nähe des Meeres erzeugt werden – Muscadet von der französischen Atlantikküste, guter Vinho Verde aus dem Norden Portugals, Verdicchio von der mittelitalienischen Küste – oder auf urzeitlichem Meeresboden wachsen – Chablis, fränkischer Silvaner oder Auxerrois von der Obermosel. Solange der Fisch puristisch zubereitet wird, sind also mineralische Weißweine des grünen Geschmackstyps unsere erste Wahl. Bekommt ein Gericht durch Tomaten, Mittelmeer-

kräuter und Olivenöl ein mediterranes Flair – etwa die Bouillabaisse –, sollten Sie zu einem Rosé greifen, z. B. einem aus der Provence. Übrigens: Dass gute Schaumweine großartig zu Meeresfrüchten passen, können wir nur bestätigen. Warum nicht mal Champagner? Der wächst auf den Muschelkalkböden des Pariser Beckens.

Eine Besonderheit sind Thun- und Schwertfisch. Nur wenige frische Lebensmittel besitzen so viel Umami-Geschmack. Farbe, Intensität, Konsistenz – alles erinnert ein wenig an Rindfleisch. Wird Thunfisch gegrillt – niemals durch! –, empfehlen wir auch ähnliche Weine: intensive orange Weißweine (gerne Aromareben wie Muskateller oder Viognier) oder leicht gekühlte, samtige rubinrote Rotweine. Zu rohem Thunfisch hingegen passen wiederum die unter Seefisch beschriebenen Weintypen (siehe auch unter Sushi, Seite 86).

Bei den Meeresfrüchten nehmen Tintenfisch und Oktopus eine Sonderstellung ein, da sie in der Regel anders zubereitet werden: in Tomaten-Knoblauch-Sauce, in der eigenen Tinte oder mit Chili scharf gewürzt. Auf dieser Stufe der Intensität geben ein karger Muscadet oder ein leichter Rosé schnell einmal den Geist auf. Wir empfehlen also, sich an der Sauce zu orientieren. In Venedig trinkt man zum Risotto nero – dem schwarzen Tintenfischreis – gern ein Glas gekühlten Merlot oder Cabernet Sauvignon aus Venetien, also Weine, die im Bereich zwischen Lila und Dunkelrot angesiedelt sind.

FLUSS- UND BINNENFISCH

Bei Fluss- und Binnenfischen gilt die Regel: je fetter der Fisch, desto säurebetonter der Wein. Zu einer schlanken Forelle oder einem Zander sind milde, florale Weine des gelben Typs, etwa Weißburgunder oder Soave, unschlagbar. Viktoriabarsch, Wels oder der mächtige Karpfen freuen sich über die belebende Säure sowie das Fruchtspiel eines grünen Silvaners, Sauvignon blanc oder Rieslings, das auch den leicht modrigen Ton des Karpfens überdeckt. Ebenfalls eine gute Figur machen fruchtige lila Roséweine aus Grenache oder Tempranillo.

Der beliebteste Fisch ist der Lachs, nicht nur, weil er kraftvoll schmeckt, sondern weil er als Zuchtfisch auch bezahlbar ist. Grün, Gelb und Lila sind je nach Zubereitungsart die passenden Geschmackstypen dazu. Zu gedünstetem Lachs sind es die gelben, zu gebratenem Lachs die grünen Weine, zu denen Sie greifen sollten. Wird Lachs gegrillt oder scharf angebraten, passen nicht nur Rosés, sondern auch »echte« lila Rotweine wie Trollinger oder Bardolino – vorausgesetzt, Sie kühlen diese Weine vor dem Genuss auf mindestens 14 °C.

FISCHKONSERVEN, RÄUCHERFISCH

Gerade in der schnellen Küche sind Fischkonserven – und namentlich der Thunfisch – sehr beliebt. Sardinen, Meeresfrüchte oder Thunfisch aus der Dose schmecken herzhafter als frischer Fisch, weil sich durch die Verarbeitung Umami anreichert. Gleiches gilt für eine wirkliche Delikatesse: geräucherte Forellen, Aale oder den Stremellachs. Hier kommen als weitere Geschmacksverstärker noch die typischen Raucharomen hinzu. Ausgeprägt fruchtige grüne und lila Weine können zu Umami und Rauch schnell bonbonartig schmecken. Daher fällt unsere Wahl auf intensive Weine des gelben Typs, etwa einen italienischen Lugana oder einen südafrikanischen Chenin blanc.

Neigt der Lachs zum Fettansatz, tut ihm ein fruchtbetonter grüner Wein gut. Muscheln lieben es auch grün – aber mineralischer.

GEMÜSE UND HÜLSENFRÜCHTE

Jenseits von Fleisch und Fisch tut sich ein Aromenkosmos auf, der aus Weinsicht bisweilen schwer zu überschauen ist. Das liegt vor allem daran, dass bei Gemüse oft süße und bittere Noten vorherrschen, die im Fleisch kaum vorhanden sind. Bei unserer nachfolgenden kleinen Warenkunde gehen wir davon aus, dass die jeweiligen Zutaten tatsächlich den Solopart innehaben, also nicht nur als Beilage gereicht werden. Die alphabetische Ordnung ist etwas knifflig. So finden Sie etwa die Tomate unter »Nachtschatten« und die Zwiebel unter »Lauch«.

BLATTGEMÜSE – SPINAT, MANGOLD, CHICORÉE & CO.

Zu Blattgemüse (aber auch zu grüner Paprika und Brokkoli) im gekochten Zustand passt kein grüner Wein. Hier addieren sich die bitteren Noten des Gemüses und die Weinsäure zu einem unangenehm metallischen Geschmack. Dem feingliedrigen Spinat und seinen Artgenossen stellen Sie besser ein Glas milden gelben Weißwein zur Seite. Rotweine sind zu mächtig, ein sanfter lila Rosé hingegen passt.

HÜLSENFRÜCHTE – LINSEN, ERBSEN & CO.

Derzeit erleben Hülsenfrüchte in der Küche eine bemerkenswerte Renaissance, zu der besonders die Linse in all ihren Spielarten beiträgt. Meist ersetzen die stärkehaltigen Hülsenfrüchte in Gerichten wie »Zanderfilet auf roten Linsen« andere Sättigungsbeilagen. Spielen sie den Solopart, helfen grüne und lila Weine mit ihrer feinen Frucht dem sämigen Geschmack des Gerichts am besten auf die Sprünge.

KOHL – BROKKOLI & CO.

Kohlgemüse wird im Abschnitt »Einheimische Küche« (Seite 80) noch ausführlich behandelt. Daher hier nur kurz: Kohl hat eine bittere Komponente, die nicht gut auf Säure zu sprechen ist. Für einen Soloauftritt kleiden Sie ihn daher am besten in den Farben Gelb, Orange oder Rubinrot – je dunkler der Kohl, desto dunkler der Wein.

LAUCHGEMÜSE – ZWIEBEL, PORREE & CO.

Das Geschmacksspektrum der Gattung Lauch reicht von der milden Süße von gedünstetem Porree über die würzige Süße von Röstzwiebeln bis zur Schärfe von gebratenem Knoblauch. Trotz dieser intensiven Aromatik liebt Lauch als Solist den Weißwein. Zu in Butter gebratenen Porreestangen macht sich ein grüner Sauvignon blanc vortrefflich, zu Spätzle mit Zwiebel ein gelber Gutedel und zu Tagliatelle in Knoblauchöl ein kraftvoller oranger Verdicchio.

NACHTSCHATTEN – TOMATEN, PAPRIKA & CO.

Aubergine, Paprika und Tomate gehören zur Familie der Nachtschattengewächse. Was sie eint, ist ihr ausgeprägter Umami-Geschmack.

IRRTUM NR. 6

Zu Spargel immer Riesling

Sie gelten als Traumpaar des Genussadels: Spargel und Riesling.
Doch hinter der für die Regenbogenpresse aufrecht erhaltenen lächelnden
Fassade kriselt es gewaltig. Insider wissen schon lange, dass sie auf ihn sauer ist und ihm das
bitter aufstößt. Im Klartext: Spargel enthält Bitterstoffe, die aus der Wurzel vornehmlich in den
unteren Teil der Stangen gelangen. Riesling hingegen lebt von seiner animierenden Säure. Wie
wir mittlerweile gelernt haben, tendiert die Sympathie zwischen Sauer und Bitter gegen null.
Beide verstärken sich gegenseitig und hinterlassen zusammen auch noch einen unangenehm
metallischen Geschmack auf der Zunge.

Nun wollen wir nicht dramatisieren: Riesling ist zu Spargel immer noch besser als ein mäch-
tiger Rotwein. Und mit einem ordentlichen Klacks Hollandaise als Bindeglied hält sich der Schaden in Grenzen. Doch wenn es um ein so feines Gemüse geht, das nur wenige Wochen im Jahr
verfügbar ist, sollte man doch gleich den richtigen Wein wählen. Lernen wir einfach von den
Weinregionen, in denen gleichzeitig Spargel angebaut wird: Baden und Franken. Die Badener
schwören zu Spargel auf ihre Weißen und Grauen Burgunder. Die Franken trinken Silvaner
zu den edlen Stangen. Alle drei Weine zählen zum milden gelben Geschmackstyp. Bei den
Burgundern kommt noch etwas hinzu, was Weinexperten Schmelz nennen, also eine gewisse
Cremigkeit des Weins, von der die Bitterstoffe sanft umhüllt werden.

Andere spargelkompatible Weine sind der Rivaner oder auch ein Blanc de Noirs (Weißwein
aus Rotweinreben) vom Spätburgunder. Wer es nicht so mit deutschen Weinen hat, findet am
Anfang des Buches (Seite 18) andere Weine des gelben Typs. Wir jedenfalls sind beim Spargel
Regionalpatrioten. Und um das Ganze versöhnlich ausklingen zu lassen: Die Elsässer ziehen
ihren Rieslingen den Säurezahn, indem sie die Säure während der Gärung biologisch abbauen.
Wer also vom Traumpaar Spargel-Riesling partout nicht lassen will, muss nur kurz über die
Grenze zum französischen Nachbarn fahren.

Zum intensiven Geschmack getrockneter Tomaten, gegrillter Paprika oder geschmorter Auberginen sind mediterrane Rotweine des rubinroten und dunkelroten Farbspektrums – Navarra, Nero d'Avola, südliche Rhône – immer eine gute Wahl. Bei in reichlich Olivenöl gebratenen Auberginen kann auch ein mineralischer grüner Weißwein als Kontrast eingesetzt werden, etwa ein Assyrtiko von der Insel Santorin – zur Moussaka ein Fest!

PILZE

Frische Pilze sind ein kulinarisches Geschenk, das in der Küche pfleglich behandelt werden will: In die Pfanne damit, Salz, Pfeffer, vielleicht ein paar Zwiebelchen und frische Kräuter – alles Weitere ist von Übel.

Der Pilzgeschmack gilt als eine der Urformen von Umami. Pilze kommen aus der Erde, schmecken daher erdig und verlangen nach einem erdigen Wein. Mit Letzterem meinen wir das Terroir – ein Begriff für Weine, die in ihrem Geschmack vom Boden erzählen, auf dem sie gewachsen sind. Schiefer, Muschelkalk, Urgestein, Kies hinterlassen mineralische Spuren im Wein, die großartig mit Pilzen harmonieren. Bezeichnenderweise wachsen diese markanten und doch filigranen Tropfen häufig pilznah, z. B. der Spätburgunder an den Ausläufern des Pfälzer Waldes, der Nebbiolo in den für ihre Trüffel bekannten nebligen Tälern des Piemonts, der Tannat in den Hügeln des Cahors oder

Rieslinge in Taunusnähe in den Schiefersteillagen des Rheingaus. In jedem Fall gilt: Bitte keine schoko-vanillige Wuchtzulage aus dem Barrique – vertrauen Sie stattdessen bei Pilzen auf mittelintensive Weine der Geschmackstypen Grün, Lila und Dunkelrot.

WURZELGEMÜSE – MÖHREN, SELLERIE & CO.

Ob Möhre, Petersilienwurzel oder Sellerie – sie alle sind reich an ätherischen Ölen, die dem Wurzelgemüse einen sehr individuellen Geschmack verleihen. Ätherische Öle lieben Nussaromen, vertragen sich aber nicht mit harten Tanninen oder allzu üppigen Fruchtaromen. Trinken Sie also zu Selleriepüree oder karamellisierten Möhrchen einen nussigen, floralen Weißwein (z. B. Moscatel oder Grauburgunder) aus dem gelben Spektrum. Oder aber einen sanften rubinroten Rotwein wie den Primitivo.

ZUCCHINI UND KÜRBIS

Zucchini sind geschmackliche Leichtgewichte, denen man einen ebensolchen gelben oder grünen Wein zur Seite stellen sollte. Beim »klassischen« deutschen Kürbis mit seiner feinen fruchtigen Note greifen Sie zu gelben Weinen, z. B. einem Auxerrois. Zu Suppen aus dem kräftigen, sämig-erdigen Hokkaido kann es gerne ein oranger oder lila Wein sein. Sollten Sie dabei mit Cumin und Chili würzen, liegen Sie mit Weinen des orangen und rubinroten Typs richtig.

GESCHÜTTELT ODER GERÜHRT

ZUBEREITUNGSARTEN UND WEIN

Die chemischen Reaktionen beim Kochen sind vielfältig. Festes Zellgewebe wird weich, Eiweiß stockt, Fleisch wird geröstet, Fett verflüssigt sich, Stärke wird zu Zucker, einige Stoffe zerfallen, neue Geschmacksstoffe entstehen. Zwischen dem faserigen, mit weichem Fett umgebenen gekochten und dem saftigen, nach Röstaromen schmeckenden kurz gegrillten Rindfleisch besteht geschmacklich nur noch wenig Verbindung. Die Art der Zubereitung kann deshalb für die Weinwahl wichtiger sein als die Zutat selbst.

Entscheidend dabei ist, ob die Garmethode den Geschmack intensiviert. Bei einigen Zubereitungsarten, z. B. beim Kochen, verändert sich die Intensität der Aromen wenig. Bei einer zweiten Gruppe, zu der das Grillen und das Frittieren zählen, entstehen während der Zubereitung neue, sehr kraftvolle Aromen. Bei einer dritten Gruppe kommt es zu einer starken Konzentration von

Aromen, z. B. beim Schmoren. Wenn Sie die Intensität der Weine an der Zubereitungsart ausrichten, kann eigentlich nichts schiefgehen.

KOCHEN, DÄMPFEN, DÜNSTEN

Man muss sich nicht erst die Kalauer aus »Asterix bei den Briten« in Erinnerung rufen, um zu wissen, dass Kochen mit Wasser nicht zu den intensivsten Geschmackserlebnissen führt. Durch das Kochen oder Dämpfen werden zwar viele Zutaten erst genießbar, die Aromen aber nicht intensiver. Langes Kochen mindert sogar die Intensität, weil das Wasser die Aromen auslaugt. Beim Dünsten – dem Garen mit wenig Wasser – bleiben diese Aromastoffe zwar in der Sauce erhalten, doch gedünsteter Fisch gehört nicht umsonst zur Schonkost: Der Geschmack bleibt mild.

Zu all diesen im weitesten Sinne gekochten Speisen passen daher eher leichte bis mittel-

intensive Weine. Dabei unterstreicht das Kochen die bittere Eigenkomponente der Speisen – denken Sie an typische Gerichte wie Spinat, Blumenkohl oder Spargel. Bitterkeit verträgt sich nicht mit säurebetonten grünen Weinen oder tanninstarken dunkelroten Weinen. Zu gekochten Speisen passen milde gelbe Weißweine wie Rivaner oder Frascati bzw. charmante lila Weine wie südfranzösischer Rosé oder Südtiroler Kalterersee.

GRILLEN, BRATEN, RÖSTEN, FRITTIEREN

Wenn große Hitze direkt auf Fleisch trifft, vollzieht sich an der Oberfläche eine besondere chemische Reaktion. Wer jetzt an Verbrennen denkt, liegt zwar auch nicht ganz falsch – aber wir gehen ja davon aus, dass Sie als Koch Ihr Handwerk beherrschen. Nein, es kommt zur Maillard-Reaktion, einem dem Karamellisieren

ähnlichen Vorgang. Dabei reagiert Eiweiß mit sogenannten »versteckten« Zuckern, die auch in Fleisch enthalten sind. Das Ergebnis sind die ansprechende braune Färbung etwa eines Steaks oder der Bratwurst und die intensiven, leicht süßlichen Röstaromen, die alle Grillmeister lieben. Besonders augenfällig ist der Süßeffekt, wenn Zwiebeln in der Pfanne angebraten werden.

Röstaromen gibt auch das kleine Holzfass an den Wein ab, womit schon klar ist, dass im Barrique gereifte Weine – ob nun eine samtige rubinrote Rioja Crianza oder ein üppiger oranger Viognier aus Argentinien – perfekt zu Gegrilltem oder Kurzgebratenem passen. Nun sind Weine aus dem Barrique sehr mächtig und auch teuer. Daher können Sie zu leichteren Speisen wie einem Grillhuhn aus dem Backofen auch andere Vertreter der beiden genannten Farben trinken, z. B. einen orangen Pfälzer Grauburgunder.

Beim Braten von Fleisch entstehen Röstaromen, gleichzeitig karamellisiert »versteckter« Zucker.

Butterzart und dennoch unendlich intensiv – lange geschmortes Fleisch freut sich über kraftvolle Rotweine mit komplexen Tanninen.

einem Wiener Schnitzel das Hauptaugenmerk auf der fettigen Komponente liegen, die sich über die Säure z. B. eines knackigen Grünen Veltliners oder eines charmanten lila Zweigelts freut.

SCHMOREN, REDUZIEREN, BACKEN

Beim Schmoren werden die Zutaten zuerst in Fett angebraten (Maillard-Reaktion), dann abgelöscht und mit wenig Flüssigkeit – z. B. Fond – über einen längeren Zeitraum gegart. Während des Schmorens verdunsten Wasser und leichtflüchtige »zarte« Aromen, d. h., die kraftvollen und herzhaften Aromen verbleiben in der Flüssigkeit und ihr Geschmack wird immer konzentrierter. Ein ähnlicher Effekt tritt bei Saucen auf, die man durch langes Köcheln reduziert – das Geheimnis jeder guten italienischen Tomatensauce. Auch Backofengemüse oder Backkartoffeln verdanken ihren intensiven Geschmack nicht allein dem Grilleffekt, sondern auch dem Dehydrieren, also dem Verdunsten von Wasser.

Gleiches gilt, wenn das abendliche Grillen mit der Nachbarschaft nach geldbeutelschonender Weinwahl verlangt und deshalb ein rubinroter sizilianischer Nero d'Avola ins Glas kommt.

Eine Sonderstellung im Zusammenhang mit der Maillard-Reaktion nehmen das Frittieren und alle anderen Zubereitungsarten ein, bei denen panierte oder mit Teig umhüllte Zutaten in reichlich Fett ausgebacken werden. Dabei wird nicht das Fleisch oder das Gemüse selbst gebräunt, sondern nur die Panade, die dabei ausgiebig in Fett badet. Daher sollte etwa bei asiatischem Tempura-Gemüse, aber auch bei

Wenn sich also ein Schmorgericht mit einem Wein auf Augenhöhe treffen soll, muss dieser von hoher Intensität sein. Einige grüne und lila Weine sind mit ihrer kecken, fruchtigen Art dazu in der Lage, den meisten fehlt es jedoch an Körper. Auf der sicheren Seite sind Sie mit samtigen oder charakterstarken Rotweinen – ein Shiraz oder ein Chianti Classico sind immer eine gute Wahl – oder Sie entscheiden sich für eine üppige Riesling Spätlese aus dem orangen Spektrum.

WEIN UND ZUBEREITUNGSART

WELCHER WEIN PASST ZU TOPF, BACKOFEN ODER PFANNE?		PASSENDE WEINTYPEN
KOCHEN, DÄMPFEN, DÜNSTEN	Leichte bis mittelintensive Weine mit wenig Säure und Gerbstoffen	😊 😊 😊 😊 ☹ ☹
BRATEN UND GRILLEN	Mittlere bis intensive Weine, gern mit süßer Komponente durch das Holzfass	😊 😊 😐 😐 😊 😐
FRITTIEREN	Mittelintensive Weine mit spürbarer Säure, bei dunklem Fleisch auch gerbstoffreich	😊 😊 😊 😐 ☹ ☹
SCHMOREN, REDUZIEREN, BACKOFEN	Intensive Weine mit viel Körper und Struktur	😊 😊 😊 😐 😐 ☹

GOLDENE REGEL NR. 5

Je intensiver der Geschmack einer Speise, desto gehaltvoller der Wein

Das gegrillte Steak lässt den einfachen Pinot grigio blass aussehen und der mächtige Shiraz verschreckt das zarte Hühnchen in Orangensauce. Wählen Sie einen Wein stets so, dass er sich mit der Speise auf Augenhöhe trifft.

Süß und sauer
Irrtümlicherweise gehen viele davon aus, dass Süße und Säure im Wein Gegensätze sind. Zucker- und Säuregehalt im Wein sind jedoch völlig unabhängig voneinander, beeinflussen sich aber gegenseitig. Ein vollständig durchgegorener und somit süßefreier Wein wirkt deutlich saurer als ein Wein mit gleichem Säuregehalt, der über Restsüße verfügt. Ebenso kann ein vergleichsweise süßer Wein trocken wirken, weil er einen hohen Säuregehalt hat.

SCHÄRFE – GLÜCKSMOMENTE ZWISCHEN LUST UND SCHMERZ

Physiologisch betrachtet ist Schärfe kein Geschmack, sondern ein Schmerzempfinden. Nun ist es ja nicht nur beim Essen so, dass der Übergang von der Lust zum Schmerz fließend ist. Wer sich beim Kochen also gern in diesen Grenzbereich begibt, der sollte – bildlich gesprochen – mit dem Wein nicht noch zusätzlich Salz in die Wunde streuen. Andererseits gibt es Weine, die ausgesprochen gut mit der scharfen Küche harmonieren.

Wenn Sie scharf kochen, sollten Sie wissen, für wen Sie es tun, denn die Schmerzrezeptoren der Menschen reagieren sehr unterschiedlich. An Schärfe kann man sich gewöhnen, d. h., die Rezeptoren gewöhnen sich über die Zeit an einen bestimmten Schärfegrad. Ähnlich verhält es sich mit der Wechselwirkung von Schärfe und Wein. Für den Koch, der denkt, er habe sein Essen nur mäßig gewürzt – weil vielleicht seine Eltern zu Besuch sind –, passt ein bestimmter Wein vorzüglich. Für die Eltern jedoch, die mit der Schärfe des Essens allein noch ganz gut klarkommen, wird mit dem Wein die Grenze zum Unangenehmen überschritten.

Aus Weinsicht potenziert Schärfe die Intensität eines Gerichts. Ein milder Wein, der zum Hühnchengericht wunderbar schmeckt, fühlt sich an wie leicht aromatisiertes Wasser, wenn das Essen mit Chili abgeschmeckt wird. Für die goldene Regel »Je intensiver die Speise, desto intensiver der Wein« (siehe Seite 59) bedeutet das: Schärfe erhöht das Kampfgewicht einer Speise um ein bis zwei Klassen.

EMPFINDUNGSSACHE

Das Schärfeempfinden kann durch drei Faktoren im Wein verstärkt werden: Säure, Tannine (Bitterstoffe) und Mineralität (Salz). In der »teuflischen« Küche sollten Sie also Weine des grünen und des dunkelroten Geschmackstyps unbedingt meiden. Auch überdeckt die Schärfe im Essen alles Zarte, Filigrane, Florale im Wein. Achten Sie also darauf, dass Ihr Wein genügend Körper mitbringt und mit robusten nussigen, kräuterigen oder fruchtigen Aromen ausgestattet ist.

Das Allerwichtigste ist: Das Schärfeempfinden wird harmonisiert durch die Süße im Wein. Man kann es gar nicht drastisch genug formulieren. Probieren Sie einmal – ein einziges Mal – einen halbtrockenen oder sogar lieblichen deutschen Weißwein zu scharfem Essen. Wir versprechen Ihnen: Das Scharfe lässt Sie das Süße gar nicht wahrnehmen. Was bleibt, ist ein einziges Aromenfeuerwerk aus Frucht und feinem Schmerz. Aber da wir befürchten, dass auf uns ohnehin niemand hört, hier zwei Empfehlungen mit größerer Aussicht auf Akzeptanz: Fruchtsüße besitzen auch im Barrique ausgebaute Weine des samtigen rubinroten und des intensiven orangen Typs, die daher beide gut zu scharfen Speisen passen.

WEIN UND SCHÄRFE

	Halbtrockene und liebliche Weißweine; körperreiche, milde Weine wie Grauburgunder, Lugana, Viognier; im Barrique gereifte Weine, z.B. Chardonnay	
	Süditalienische Weine wie Primitivo oder Nero d'Avola; Überseeweine wie Merlot oder Zinfandel; im Barrique gereifte australische Shiraz oder spanische Crianzas	

MEIDEN SIE ZU SCHARFEM ESSEN

	Säurebetonte Weine wie Sauvignon blanc oder Grüner Veltliner; körperarme Weine wie Pinot grigio oder Rivaner	
	Tanninbetonte Weine wie Bordeaux oder Chianti	

GOLDENE REGEL NR. 6

Vermeide es, extremen Geschmack noch zu verstärken

Eine alte Handwerkerregel lautet: »Nach fest kommt ab.« Wer in der Küche mit extremen Aromen experimentiert – Schärfe, Säure oder Bitterkeit –, der sollte diese Aromen durch den Wein nicht noch zusätzlich pushen. Also: kein saurer Wein zur Vinaigrette, kein bitterer, gerbstoffreicher Wein zu Chicorée oder Artischocke. Bei scharfem Essen sind es ebenfalls Weine mit reichlich Säure und Gerbstoffen, die Sie meiden sollten, weil diese Komponenten und die Schärfe des Gerichts sich gegenseitig aufschaukeln.

DAS KRÄUTER- UND GEWÜRZALPHABET

Gewürze und Kräuter bringen Farbe ins Essen. Man könnte analog zu unseren Weintypen auch die Kräuter und Gewürze in ein Farbspektrum einordnen, das von der frischen »grünen« Minze bis hin zum bitter-herben »dunkelroten« Wacholder reicht. Doch dies ist kein Buch über Gewürze, weshalb wir uns darauf konzentrieren, welchen Einfluss sie auf die Weinwahl haben.

GESCHMACKSERGÄNZEND ODER DOMINANT?

Aus diesem Blickwinkel können wir drei Arten von Kräutern und Gewürzen unterscheiden. Da sind zunächst solche, die dem Essen eine Geschmacksnuance hinzufügen, ohne dessen Charakter zu verändern, z. B. Petersilie oder Schnittlauch. Diese »geschmacksergänzenden« Gewürze haben keinen Einfluss auf den Wein. Die zweite Gruppe – hierzu zählen z. B. Thymian, Estragon oder Safran – intensiviert den Geschmack zusätzlich. Diese »geschmacksverstärkenden« Gewürze fordern gegebenenfalls einen kraftvolleren Wein desselben Typs. Gewürze der dritten Gruppe, zu der etwa Cumin oder Chili zählen, entwickeln eine Stärke und Ausdruckskraft, die sie zur dominanten Zutat werden lässt. Diese dritte, »geschmacksdominierende« Gruppe verlangt immer nach intensiveren Weinen und häufig auch nach einem anderen Geschmackstyp als eine Speise ohne diese Gewürze.

Maßgebend für die Zuordnung zur geschmacksergänzenden, geschmacksverstärkenden oder geschmacksdominierenden Gruppe sind für uns die Schärfe, die Säure und die Konzentration ätherischer Öle. Ätherische Öle sind die leichtflüchtigen, geruchstragenden Bestandteile von Pflanzen. Das bekannteste ist Menthol. Beim Basilikum beträgt der Anteil ätherischer Öle rund 1%, bei der Gewürznelke sind es bis zu 20%. Selbstverständlich verändert nicht jede kleine Prise Nelke den Charakter einer Speise. Genauso klar sollte es sein, dass sich ein ausgewachsenes Rind von einer Rosmarinnadel weitaus weniger zwicken lässt als ein zartes Hühnchen.

LANDESTYPISCHE KRÄUTER

Wichtig für die Weinwahl ist die Frage, ob bestimmte Gewürze und Kräuter für eine bestimmte Länderküche stehen. Gebratene Hühnerbrust schmeckt durch Beigabe von Estragon »französisch«, mit Oregano »italienisch«. Wenn also einem Gewürz ein bestimmtes Land oder eine Region anhaftet, dann sollten Sie – so es denn ein Weinbauland ist – auch versuchen, einen passenden Wein aus den jeweiligen Gebieten zu finden.

Im nachfolgenden Gewürzalphabet geben wir zu allen Kräutern und Gewürzen Weintipps, gelegentlich auch Ländertipps. Smileys verteilen wir allerdings nur bei geschmacksdominierenden Gewürzen, weil hier bittere, saure oder schmerzlich scharfe kulinarische Fehlgriffe lauern.

ANIS, STERNANIS dominierend

Das Ouzo- und Pastis-Gewürz enthält bis zu 8 % des sehr intensiv-frischen, aber auch stechenden Anethols. Anis und Sternanis haben biologisch eigentlich nichts gemeinsam, schmecken aber identisch. Anis verstärkt die bittere Note jedes tanninstarken Rotweins. Abgesehen von solchen Weinen haben Sie die freie Wahl.

BASILIKUM ergänzend

Im grünen Pesto spielt es einen Solopart, der von einem gelben italienischen Weißwein dezent begleitet wird. Ansonsten passt Basilikum zu Fisch und Salat und verträgt sich gut mit grünen, gelben und lila Weinen.

BEIFUSS verstärkend

Ein in der häuslichen Küche leider vergessenes Bitterkraut, das sich großartig zum Füllen von Gans und Ente eignet. Geht sehr gut mit orangen, lila und dunkelroten Weinen.

CAYENNE siehe CHILI

CHILI dominierend

Der in Chilischoten oder Cayenne enthaltene Wirkstoff Capsaicin führt zu einem verbrennungsähnlichen Schmerzreiz auf der Zunge. Gerichte mit Chili daher immer mit säurearmen orangen oder rubinroten Weinen kombinieren, um die gewollte Schärfe nicht zu überreizen.

CUMIN dominierend

Cumin, auch Kreuzkümmel, ist der bestimmende Bestandteil in Curry-Gewürzmischungen. Mit rund 5 % Anteil ätherischer Öle ist sein Geschmack sehr intensiv, bitter-scharf und leicht brennend. Cumin verträgt sich gut mit nussigen, säurearmen, gern auch halbtrockenen Weinen.

CURRY siehe CUMIN

DILL ergänzend

Der als Kochfischklassiker bereits abgeschriebene Dill erlebt mit der thailändischen und vietnamesischen Küche eine Renaissance. Er mag es gern salzig-mineralisch und harmoniert daher am besten mit grünen und gelben Weinen.

ESTRAGON verstärkend

Der frisch-süßliche Estragon ist vornehmlich in der französischen Küche für Gerichte mit Huhn und Fisch sehr beliebt. Er ist ein typisches Weißweinkraut und bevorzugt den grünen und gelben Typ, aber auch lila Rosé.

FENCHELSAMEN verstärkend

Enthält wie Anis das ätherische Öl Anethol, allerdings in geringerer Konzentration. Fenchelsamen verleiht einen erfrischenden Geschmack und wird gern für Fisch verwendet. Geht gut mit grünen Weinen.

HARISSA siehe CHILI

INGWER **verstärkend**

Ein wunderbares Sommergewürz – scharf und zitronenfrisch, aber niemals dominierend. Ingwer kann eigentlich gut mit allen Weißweinen. Wer allerdings säure- oder schärfeempfindlich ist, sollte grüne Weine meiden.

JALAPEÑA siehe PEPERONI

KAPERN **verstärkend**

Salzig-sauer eingelegte Kapern waren nahezu verschwunden, kamen allerdings durch mediterrane Antipasti oder Vitello tonnato wieder zu Ehren. Vor allem gelbe Weiß-, aber auch lila Rotweine machen sich gut dazu.

KNOBLAUCH **verstärkend**

Für die Großelterngeneration war der scharf-süßliche Knoblauch noch das ultimative Erlebnis in Sachen dominant-exotischer Geschmack, heute gilt er als eingemeindet. Intensiv ist Knoblauch immer noch – wer ihn reichlich verwendet, sollte also auf allzu schmächtige Weinchen verzichten. Dürfte der Knoblauch selbst wählen, würde er sich bei gelben, rubinroten und dunkelroten Weinen am wohlsten fühlen.

KORIANDERKRAUT **ergänzend**

Dieses Kraut polarisiert, löst doch der an Seife erinnernde Geruch bei vielen Mitteleuropäern – anscheinend genetisch bedingt – Übelkeit aus. Also besser erst bei den Gästen nachfragen! Ansonsten ist der scharf-bitter-saure Koriander eine bereichernde Nuance in der orientalischen und asiatischen Küche und kommt mit allen Weintypen sehr gut klar.

KREUZKÜMMEL siehe CUMIN

KÜMMEL **dominierend**

Der Regionalküchenklassiker hat einen Anteil von bis zu 8 % ätherischer Öle, dazu Säure und Gerbstoffe und somit das Zeug, eine Speise zu dominieren. Er wird allerdings ohnehin meist in kraftvollen Kohlgerichten eingesetzt. Geht gut mit lila und dunkelroten Rotweinen. Bei leichteren Gerichten bitte grüne Weine meiden, da die Kombination ins Metallische spielt.

LIEBSTÖCKEL **verstärkend**

Die als Maggikraut berühmt gewordene Pflanze kämpft immer noch mit ihrem lädierten Ruf. Sie ist ein echter Geschmacksverstärker ohne weintypische Vorlieben.

LORBEER **ergänzend**

Der gemäßigte Bitterton des Lorbeerblatts rundet das Geschmacksbild vieler Schmorgerichte ab. Da Lorbeer immer lange Kochzeiten – und damit ohnehin geschmacksintensive Gerichte – voraussetzt, ändert sich am Charakter der Speisen nichts. Lorbeer mag es gern dunkelrot und gelb.

MEERRETTICH **dominierend**

Beim Reiben aktiviert Meerrettich einen extrem scharfen Geruch. Meerrettich macht grüne Weine übersauer und tanninhaltige rubin- und dunkelrote Weine pelzig. Gut passen säurearme, gern restsüße gelbe und orange Weine sowie Rosés.

MINZE **ergänzend**

Vom Orient aus erobert dieses belebende Kraut die europäischen Küchen. Schmeckt absolut charmant zu Fisch, in kalten sommerlichen Suppen (Zucchini-Minz-Suppe!) und in hellen Saucen. Die Weinempfehlung lautet ganz einfach: grünes Kraut – grüner Wein!

MUSKATNUSS **dominierend**

Wird vorwiegend in hellen Saucen, Gemüse-aufläufen und bei hellem Fleisch eingesetzt und ist mit 15 % ätherischen Ölen ausge-sprochen dominierend. Die nussige Schärfe verträgt sich gut mit gelben Weißweinen des nussig-schmelzigen Typs. Auf grüne Weine sollten Sie dagegen verzichten.

NELKE **dominierend**

Aromatisches Kraftpaket (20 % ätherische Öle), das Gerichte in ein weihnachtliches Licht taucht und betäubende Wirkungen zeitigt. Bei allem Drang, hier wuchtige Rotweine einzusetzen, empfehlen wir, lieber auf die lebendige Kraft von zwar intensiven, aber säurebetonten orangen oder lila Rotweinen zu setzen.

OREGANO **ergänzend**

Das Pizzakraut bringt einen italienischen Touch in Ihre Küche. An den Wein stellt Oregano keine Ansprüche – nur italienisch sollte er sein.

PAPRIKAPULVER **verstärkend**

In seiner nicht scharfen Variante zeigt sich Paprikapulver süß und erdig und ist daher eher für die kraftvolle Küche prädestiniert. Insgesamt macht es Speisen »dumpfer«, weshalb Sie als Kontrast lebhafte Weine des grünen, lila und dunkelroten Typs wählen sollten.

PEPERONI **verstärkend**

Die Bezeichnung Peperoni – eigentlich ein anderer Name für Chili oder Paprika – hat sich für mittelscharfe, sauer eingelegte rote und grüne Früchte dieses Typs eingebürgert. Die Verbindung von sauer und scharf verweist auf milde Weine des gelben und rubinroten Typs als Begleitung.

PETERSILIE **ergänzend**

Als Kartoffelgarnitur ist Petersilie völlig unter-fordert, denn sie hat eine frische, leicht bitter-würzige Note, die gut mit grünen, gelben und lila Weinen harmoniert.

PFEFFER **verstärkend**

Machen wir es kurz: Solange Sie normal dosieren, passt jeder Wein. Wenn Sie gern mit Schärfe experimentieren, wenden Sie das unter »Chili« Gesagte an. Für all jene, die nach schwarzem, grünem, weißem oder nach Langpfeffer fragen: Sorry, dies hier ist nur eine Einführung.

ROSMARIN **dominierend**

Bringt nicht nur an Seife erinnernde ätherische Öle mit, sondern zudem die bittere Carnosol-säure. Wer Rosmarin in der Küche einsetzt, sollte ganz junge Zweige und kurze Garzeiten wählen! Die Gefahr beim Rosmarin ist nämlich, dass gar kein Wein mehr schmeckt, weil er entweder zu sauer, zu bitter oder zu schlapp wirkt. Die Statur des Rosmarins verlangt nach dunkelroten und rubinroten Weinen – bei vorsichtiger Dosierung liegen ihm auch gelbe Weißweine.

SAFRAN **verstärkend**

Das aus den Stempeln von Krokussen gewonnene Gewürz macht nicht nur Paella und den Kuchen geel, sondern gibt auch einen bitter-herb-erdigen Geschmack ab. Dazu passen gelbe und orange spanische Weißweine – auch aus dem Barrique – oder aber Rosés und leichtere rubinrote Weine.

SALBEI **verstärkend**

Ähnelt dem Rosmarin, ist aber weniger bitter, dafür frischer. Zum Klassiker der italienischen Küche – Saltimbocca, Salbeibutter – passen ebensolche Weine des gelben und lila Typs.

SCHNITTLAUCH **ergänzend**

Der Schnittlauch bringt den Frühling in die leichte Küche und freut sich über eine grüne, gelbe oder lila Begleitung.

SENF **dominierend**

Senföl, einer der intensivsten Geschmacksstoffe, ist scharf und tränentreibend stechend. Wer also bei Salatdressing, Senfsauce oder »pur zur Wurst« auf die scharfe Variante setzt, sollte auf grüne und säurebetonte lila Weine verzichten. Dunkelrot hingegen passt merkwürdigerweise.

THYMIAN **verstärkend**

Der mediterrane Klassiker sollte immer nur kurz mitgekocht werden, da sich sein Geschmack schnell verflüchtigt. Mit bis zu 3,5 % ätherischen Ölen ist Thymian recht intensiv, was Sie bei der ansonsten freien Weinwahl berücksichtigen sollten: Leichtgewichte gehen unter.

WACHOLDER **verstärkend**

Wo es um große und wilde Tiere geht, sorgt Wacholder im Konzert der kraftvollen Aromen für den bitteren Bass. Dieser korrespondiert aufs Beste mit dunkelroten Rotweinen. Wem das – z. B. im Sommer – zu viel ist, der weiche auf Lila aus.

WASABI siehe MEERRETTICH

ZIMT **verstärkend**

Das aus der Rinde des Zimtbaums gewonnene Gewürz ist in der indischen und orientalischen Küche fester Bestandteil von Fleischgerichten. Rubinrot ist der im Orient bevorzugte Weintyp, aber auch schmelzige gelbe und orange Weißweine vertragen sich gut mit dem nussigen Geschmack des Zimts.

ZITRONE, ZITRONENGRAS **dominierend**

Sauer – dafür stehen Zitrone, Limone und Zitronengras. Die Dosierung liegt in Ihrer Hand. Viel Zitrone geht weder mit säurebetonten noch mit tanninstarken Weinen.

ZITRONENMELISSE siehe MINZE

BESONDERE WEINPARTNER

KÄSE

Mit den geeigneten Käsesorten und den passenden Weinen können Sie für sich und Ihre Freunde wahre Genusswelten zaubern. Wichtig ist allerdings: Der Käse darf auf keinen Fall den Geschmack des Weins überdecken. Wenn Sie also eine Käseplatte mit verschiedenen Sorten zusammenstellen, muss sich der Wein am kräftigsten Käse orientieren, sonst geht er unter.

Zu sehr mildem Käse passen häufig milde, säurearme Weißweine der gelben Kategorie besonders gut, z. B. Weißburgunder oder Chardonnay ohne Holzausbau. Was dagegen gar nicht funktioniert, ist säuerlicher Käse mit säurebetontem Wein – hier braucht es meist einen gehaltvolleren, milden Weißwein des orangen Typs, etwa einen im Holzfass ausgebauten Grauburgunder, einen charaktervollen halbtrockenen Wein mit nicht zu viel Säure oder einen milden rubinroten Rotwein.

Von besonderem Reiz ist die Verbindung von Ziegenfrischkäse mit aromatischen Sauvignons aus dem klassischen grünen Spektrum, z. B. aus Deutschland, Neuseeland oder Südafrika. Ist der Ziegenkäse etwas kräftiger, passen trockene und fruchtige Weißweine mit feiner Säure aus der orangen Abteilung wie Viognier, Silvaner, Weißburgunder oder Riesling Auslese. Mit den gleichen Weißweinen, aber auch mit samtigen Rotweinen der rubinroten Kategorie harmonieren Hartkäse mit würzigem Geschmack wie Emmentaler oder Cheddar.

Häufig passen Wein und Käse aus einer bestimmten Region gut zusammen. So paart sich der spanische Schafshartkäse Manchego prima mit Crianzas oder Reservas aus La Mancha, aber auch mit anderen spanischen Weinen des rubinroten Typs. Zu würzigem Weichkäse wie Camembert passen samtig-weiche rubinrote Weine wie Carmenère aus Chile, Malbec aus Argentinien, Primitivo oder vollmundiger Merlot. Mit würzigen Rotschmierkäsen wie Munster, Limburger oder Romadur harmonieren sehr schön Weine aus dem orangen Spektrum wie halbtrockener Riesling, Grauburgunder Spätlese trocken und voller Verdicchio, aber auch charmante, feine lila Rotweine wie Trollinger, Spätburgunder, Beaujolais oder Bardolino.

Richtig spannend ist es, Weine zu Blauschimmelkäse wie Roquefort oder Gorgonzola zu kombinieren. Hier passen sowohl Sauternes, restsüßer Elsässer Gewürztraminer und halbtrockener bis halbsüßer Madeira des orangen Typs als auch feine, fassgereifte Portweine (Ruby oder Colheita).

Und hier noch ein Geheimtipp: Vermengen Sie etwas guten Portwein mit Roquefort zu einer Creme, lassen Sie diese im Kühlschrank eine Nacht ziehen und reichen Sie sie auf Crackern mit dem gleichen Port als Aperitif zur Begrüßung Ihrer Gäste. Das kostet am Vortag drei Minuten Vorbereitung und kommt richtig gut an!

IRRTUM NR. 7

Käse und Rotwein – immer ein ideales Paar!

Schon lange haben Sie auf eine Gelegenheit gewartet, um die kraftvollen, etwas kantigen Bordeaux-Weine und ein paar andere kernige rote Tropfen zu öffnen, die in Ihrem Keller schlummern. Zu diesem Zweck haben Sie sich etwas Tolles ausgedacht: Beim Käsehändler Ihres Vertrauens haben Sie eine riesige Käseauswahl erworben und dazu Ihre liebsten Freunde eingeladen. Nun liegen hier unter anderem deftiger Munster, gereifter Roquefort, würziger Parmesan, sämiger Camembert, schöner alter Ziegenkäse, dazu Weintrauben und frisches Baguette – einem genussvollen Abend sollte also nichts mehr im Wege stehen. Doch am Tisch weicht die erwartungsfrohe Stimmung zunehmend skeptischen Mienen. Ein teurer Bordeaux nach dem anderen findet den Weg in die Rotweinschwenker, aber so recht munden will das alles nicht.

Die These, dass Rotwein und Käse grundsätzlich füreinander geschaffen sind, gilt es ein für alle Mal harsch ins Reich der Legende zu verweisen! Die sehr starke Salzigkeit und die Beschaffenheit vor allem einiger gereifter, geschmacksintensiver Käsesorten gehen mit kraftvollen, intensiven Rotweinen des dunkelroten Spektrums sofort auf Kollisionskurs. Kernige, vielleicht sogar etwas grobe Tannine und salzige Käse sind sozusagen natürliche Gegner, die sich dort packen, wo es am meisten weh tut: Der Rotwein schmeckt bitter und metallisch, der Käse nur noch nach Salz. Auch ein geruchs- und geschmacksintensiver Munster ist für die komplexe Souplesse eines vielschichtigen Rotweins das reinste Gift.

Klar gibt es auch Käse-Rotwein-Kombinationen, die funktionieren können, wie wir auf Seite 70 gesehen haben. Aber vom Grundsatz her ist das mit dem Rotwein und dem Käse eine ziemlich komplexe Angelegenheit – und Sie können sich so manche geschmackliche Enttäuschung ersparen, wenn Sie sich hiervon erst einmal radikal lösen.

Auf Strohmatten getrocknete Trauben ergeben schoko-würzige Weine – eine perfekte Kombination.

SCHOKOLADE

Wer hätte gedacht, dass in der Kakaobohne so viel Sinnlichkeit steckt? Die Belgier und die Schweizer wussten es ja schon immer, aber hierzulande fängt die Entdeckungsreise in die Welt der Schokolade gerade erst an. Als ein ganz besonderes Highlight gilt die Verbindung mit Wein, die allerdings erst zum Genuss wird, wenn man das Reich der Alltagsweine und der »lila Kühe« verlässt. Und nicht nur der lila Kühe: Milch geht mit Wein überhaupt nicht zusammen. Zudem muss der Zuckeranteil der Schokolade minimal sein. Erst ab einem Kakaoanteil von 60 % aufwärts wird die Kombination von Schokolade und Wein wirklich zum Vergnügen.

VON PORTWEIN BIS SHIRAZ

Klassisch und auch für Normalgenießer nachvollziehbar ist die Verbindung von Schokolade mit Portwein oder anderen roten Likörweinen wie Banyuls oder Recioto. Wenn Sie einen gereiften Tawny Port oder einen Vintage Port zu dunkler Schokolade probieren, stellen Sie schnell fest, dass es nicht so sehr die Süße ist, die sich mit der Schokolade auf ein Spiel der Aromen einlässt – es sind die gereiften Gerbstoffe, die Frucht und die für Portwein typischen Schiefernoten, die sich mit dem Kakao in wunderbarem Schmelz vereinen. Das brachte einige Menschen dazu, es auch mit trockenen Weinen zu versuchen – und siehe, es war großartig.

Trockene Rotweine und Schokolade harmonieren jedoch nur, wenn keine Säure im Spiel ist. Einige Kakaosorten haben eine sehr ausgeprägte Säure. Fragen Sie darum im Fachhandel ausdrücklich nach milder Schokolade. Auch mit Orange, Ingwer, Minze oder anderen säurehaltigen Ingredenzien aromatisierte Schokoladen

eignen sich nur bedingt zur Kombination. Bei den Weinen wählen Sie intensive Rote des samtigen rubinroten Typs. Hervorragend eignen sich Weine aus Übersee und Spanien, die im Barrique, dem kleinen Fass aus neuer Eiche, gereift sind. Ein argentinischer Malbec, ein australischer Shiraz oder eine hochwertige spanische Crianza bzw. Reserva entwickeln im Fass Aromen, die denen des Kakaos ähneln. Großen Rotweinen aus der Rebsorte Shiraz sind darüber hinaus auch Pfeffer- noten eigen, die bestens zu scharfen Schoko- laden – etwa mit Chili oder Ingwer – passen. Eine zweite Gruppe empfehlenswerter rubinroter Weine sind italienische Apassimento-Weine. Sie werden aus getrockneten Trauben erzeugt und sind überaus weich, intensiv und schokowürzig. Der bekannteste ist der Amarone della Valpoli- cella, es gibt mittlerweile aber auch eine Reihe günstigerer Varianten wie etwa den Ripasso.

WEISSWEIN ZUR SCHOKOLADE?

Die Brücken von der Weißwein- in die Schoko- ladenwelt sind schwieriger zu begehen. Trockener Weißwein geht gar nicht. Er hat einfach zu wenig Körper, ist zu sauer und schmeckt zu dunkler Schokolade wie saure Gurke. Zu weißer Schoko- lade kann ein hochwertiger lieblicher Wein passen. Großes Theater erleben wir erst wieder, wenn wir uns ins Reich der edelsüßen Beerenauslesen begeben. Die Trauben dafür werden erst geerntet, wenn sie Edelfäule, Botrytis genannt, angenom- men haben. Botrytis gibt den Weinen eine hinter- gründige Herbheit und Kraft, die gegen die über- mächtigen Kakaoaromen bestehen können. Ein Vin Santo, ein Sauternes oder eine Beerenauslese von der Mosel bilden mit ihrer intensiven, leicht bitteren Honigsüße und ihrer explosiven Frucht einen tollen Kontrast zu mittelintensiven Schoko- laden bis zu 65 % Kakaoanteil.

Nicht jede Art von Schoko- lade passt zu trockenem Wein. Sobald Milch im Spiel ist, wird es kritisch.

DESSERTWEINE UND SPEZIALITÄTEN

Mit den sechs »Weinfarben« haben Sie ein hervorragendes Instrumentarium an die Hand bekommen, um Speisen und Wein genussvoll zu kombinieren. Allerdings bezieht sich das Gros der Empfehlungen auf Weine, die zu salzigen Speisen passen. Dadurch fällt eine der faszinierendsten Weinkategorien durchs Raster, nämlich jene der zum oder als Dessert geeigneten edlen Süßweine. Damit sind aber nicht die billigen, aufgesüßten Discount-Spätlesen für 1,99 € gemeint – nein, hier geht es um die echten »edelsüßen« Weine.

VON BOTRYTIS GEPRÄGTE SÜSSWEINE

Weine mit schmeckbarer natürlicher Restsüße – Auslesen, Beerenauslesen, Trockenbeerenauslesen – lassen sich fast nur aus Trauben gewinnen, die vom Schimmelpilz Botrytis cinerea befallen wurden. Die dafür notwendigen klimatischen Bedingungen findet man jedoch nur an der Mosel und im Rheingau (vor allem Riesling), in Österreich am Neusiedlersee (Tipp: Sämling 88 alias Scheurebe!), im Elsass (Riesling und Gewürztraminer), an der Loire (Chenin blanc in Vouvray, Vins doux in Montlouis) und in Sauternes (Bordeaux).

Die Edelfäule zerstört Teile der Beerenhaut, sodass bei Wärme und Trockenheit Feuchtigkeit austritt. Aus den am Ende rosinenartig eingeschrumpften Beeren wird dann nur noch wenig Saft gewonnen. Die so entstandenen Weine sind daher meist recht teuer, aber auch sehr lager-

fähig. Mit Ausnahme des sehr bukettreichen Gewürztraminers eignen sich die edelsüßen Weine mit ihrer klaren, »hellen« Fruchtaromatik vorzüglich zu fruchtbetonten Desserts mit schmeckbarer Süße – Tartes, Eis, Sorbets oder Mousses aus Früchten und Beeren. Die restsüßen Elsässer Gewürztraminer des orangen Typs wiederum passen sehr gut zu Desserts mit Nuss-, Zimt-, Muskat- oder Rosenblütenaromen.

EISWEIN

Trauben für Eiswein werden bei mindestens −7 °C gelesen, wenn das meiste Wasser darin gefroren ist und sich alle Inhaltsstoffe im Most konzentrieren. Dank ihres Süße-Säure-Spiels harmonieren Eisweine mit intensiven Fruchtdesserts, etwa rassig-frischen Sorbets aus Maracuja oder Ananas.

AUFGESPRITETE WEINE

Die Wurzeln der sogenannten aufgespriteten bzw. alkoholangereicherten Weine liegen im 18. Jahrhundert. Damals begann man, Weine mit Branntwein »aufzuspriten«, um sie für den Export haltbarer zu machen. Die besten Produkte können herausragend altern.

SHERRY

Sherry wird aus weißen Rebsorten gewonnen und sowohl in trockeneren wie auch lieblicheren Versionen angeboten. Zum Dessert eignen sich hauptsächlich die lieblichen orangen Varianten

Vin Santo

Der toskanische Süßwein Vin Santo, aus weißen Trauben erzeugt, passt vorzüglich zu nussig-mandeligen Kombinationen – hier haben die beliebten Cantuccini, die man in den Vin Santo tunkt, ihren Ursprung. Auch liebliche Schaumweine wie Moscato d´Asti und Asti Spumante harmonieren gut mit dieser Art von Desserts.

Cream und Pale Cream, insbesondere zu Kreationen auf Nuss-, Mandel-, Vanille-, Milch- oder Sahnebasis, etwa einer Crema catalana.

MADEIRA

Die nach unserem Dafürhalten weltweit spannendsten aufgespriteten Dessertweine stammen von der portugiesischen Atlantikinsel Madeira und werden ebenfalls aus weißen Trauben erzeugt. Der Spaß beginnt bei den Five Year Old Madeiras, die es in den Varianten »Dry« und »Sweet« gibt. Richtig spannend wird es dann bei den älteren Madeiras, die aus den Edelreben der Insel erzeugt werden: die besten trockenen Varianten aus Sercial, die halbtrockenen aus Verdelho, die halbsüßen aus Boal und die süßen aus Malmsey (Malvasia). Beim Madeira gilt wie

beim Sherry: je süßer der Wein, desto süßer das Dessert – zu trockeneren Varianten also dezent süßes Nussgebäck, zu Boal- und Malmsey-Madeiras gerne mit Sahne gefüllte Windbeutel, sahnige Eissorten (Nuss, Schokolade) oder Nougatschnittchen.

PORTWEIN

Die Portweine aus dem portugiesischen Dourotal werden – mit Ausnahme der »White Ports« – aus roten Trauben gewonnen. Das haben sie mit den französischen »Vins doux naturels« gemein, deren bekanntester Vertreter der Banyuls ist. Port und Banyuls sind die geborenen Begleiter zu allen Desserts auf Schokoladenbasis, z. B. Mousse au chocolat, Schoko-Sahnetorte, dunkler Schokoladenkuchen oder Florentiner.

GOLDENE REGEL NR. 7

Erzeuge bei der Weinwahl einen Spannungsbogen

Kommen bei einem Menü mehrere Weine zum Einsatz, überlegen Sie sich eine Dramaturgie. Bewährt, aber nicht zwingend ist die Abfolge von leicht zu schwer. Andere Möglichkeiten wären z. B. Weine unterschiedlicher Geschmackstypen, verschiedene Weine einer bestimmten Region oder unterschiedliche Weine aus derselben Rebsorte. Vermeiden Sie in der Abfolge des Menüs deutliche Qualitätsabstiege beim Wein. Und denken Sie an einen leichten, frischen, gesprächsanregenden Wein für den weiteren Verlauf des Abends.

DIE SIEBEN GOLDENEN REGELN DER

1 TRINK ZUM ESSEN, WAS DIR SCHMECKT

Man sollte niemals für die Galerie trinken. Mögen andere auch tausendmal behaupten, dass bestimmte Weine großartig sind – wenn für Sie Riesling zu sauer oder Bordeaux zu pelzig ist, dann vertrauen Sie Ihrem Geschmack. Wein und Essen sollen vor allem eins: Ihnen Genuss bereiten.

2 EIN SCHLECHTER WEIN PASST NICHT ZU GUTEM ESSEN

Wenn Sie mit Liebe kochen und beste Zutaten verwenden, dann gönnen Sie sich und Ihren Gästen auch einen guten Wein zum Essen. Sparen Sie nicht an der falschen Stelle. Vermeiden Sie vergessene Kellertropfen oder Schnäppchen zweifelhafter Herkunft. Außer bei Spitzenweinen haben Weißweine, die älter als zwei Jahre, und Rotweine, die älter als vier Jahre sind, ihren Höhepunkt meist überschritten.

3 SUCHE NACH GESCHMACKLICHEN KONTRASTEN

Blasse Weine, die nach dem Motto »Bloß nichts falsch machen« ausgewählt werden, sind langweilig. Geben Sie dem Essen mit dem Wein einen zusätzlichen Kick. Ein keck-animierender grüner Weißwein hilft dem opulent-fettigen Krustenbraten auf die Sprünge. Die süßen Noten in einem asiatischen Curry spielen prächtig mit einem orangen süßsauren Weißwein, das kraftvoll-bittere Tannin eines dunkelroten Tropfens bittet die herzhaften Umami-Noten einer reduzierten Tomatensauce zum Tanz. Scheuen Sie sich nicht vor Kontrasten – und wenn's mal danebengeht, ist das auch kein Drama.

4 ORIENTIERE DICH AN DER DOMINANTEN ZUTAT

Wenn viele Zutaten zusammenkommen, gibt die kräftigste bei der Weinwahl den Ton an. In aller Regel ist das die Sauce. Achten Sie besonders auf Schärfe und Säure, denn diese beiden Komponenten beanspruchen eine geschmackliche Führungsrolle.

RICHTIGEN WEINAUSWAHL

5 JE INTENSIVER DIE SPEISE, DESTO GEHALTVOLLER DER WEIN

Das gegrillte Steak lässt den einfachen Pinot grigio blass aussehen und der mächtige rote Shiraz verschreckt das zarte Hühnchen in Orangensauce. Wählen Sie einen Wein stets so, dass er sich in seiner Intensität mit der Speise auf Augenhöhe trifft.

6 VERMEIDE ES, EXTREMEN GESCHMACK NOCH ZU VERSTÄRKEN

Eine alte Handwerkerregel lautet: »Nach fest kommt ab.« Wer in der Küche mit extremen Aromen experimentiert – sei es Schärfe, Säure oder Bitterkeit –, der sollte diese Aromen durch den Wein nicht noch zusätzlich pushen. Also: kein saurer Wein zur Vinaigrette, kein bitterer, gerbstoffreicher Wein zu Chicorée oder Artischocke. Bei scharfem Essen sind es ebenfalls Säure und Gerbstoffe, die Sie im Wein meiden sollten, weil diese Komponenten und die Schärfe des Gerichts sich gegenseitig aufschaukeln.

7 ERZEUGE BEI DER WEINWAHL EINEN SPANNUNGSBOGEN

Kommen bei einem Menü mehrere Weine zum Einsatz, überlegen Sie sich eine Dramaturgie. Bewährt, aber nicht zwingend ist die Abfolge von leicht zu schwer. Andere Möglichkeiten wären z. B. Weine unterschiedlicher Geschmackstypen, verschiedene Weine einer bestimmten Region oder unterschiedliche Weine aus derselben Rebsorte. Vermeiden Sie in der Abfolge des Menüs deutliche Qualitätsabstiege beim Wein. Und denken Sie an einen leichten, frischen, gesprächsanregenden Wein für den weiteren Verlauf des Abends.

LÄNDERKÜCHE

GLOBALES WEIN- UND KOCHTOPF-HOPPING

WEINE DER WELT FÜR DIE WELT DES KOCHENS

In Deutschland wird so international gegessen und getrunken wie in kaum einem anderen Land. Heute macht es richtig Spaß, durch einen Supermarkt zu gehen und dabei die Küchen der Welt kennenzulernen. Internationale Küche sollte aber nicht verwechselt werden mit einer Globalisierung des Geschmacks! Zu einem italienischen Ossobuco gehört bestimmt kein südafrikanischer Wein ins Glas und zu deutschem Spargel kommt selbstverständlich ein deutscher Weißwein auf den Tisch, vorzugsweise aus einer Spargelregion wie Baden oder Franken. Positiv mit Goethe formuliert: »Ad fontes« – zu den Quellen!

Wein und Essen harmonieren dort am schönsten, authentischsten, spannendsten, wo sie einen gemeinsamen Ursprung haben. Italiener, Franzosen und Spanier haben bei der Entwicklung ihrer Rezepte den Wein immer schon mitgedacht. Was aber ist mit der asiatischen Küche?

Oder der mexikanischen? Da in diesen Ländern kein Wein angebaut wird – oder zumindest bei uns nicht verfügbar ist –, darf hier hemmungslos »Fusion« betrieben werden.

EINHEIMISCHE KÜCHE

Als der Herrgott die Rebsorten verteilte, hat er die Deutschen reich beschenkt. Zuallererst, weil er uns den Riesling quasi als Monopol anvertraute. Riesling ist die wohl faszinierendste weiße Rebsorte der Welt, die vom grünen bis tieforangen Geschmackstyp, von ganz trocken bis edelsüß überragende Qualitäten hervorbringt. Es gibt keine andere Sorte, die in ihren unterschiedlichen Spielarten zu wirklich jedem Essen getrunken werden kann – zu Forelle ebenso wie zu Hirsch, zu scharfer Meerrettichsauce genauso gut wie zum Schokoladenpudding. Riesling geht immer. Weil das aber ein wenig langweilig

wäre, bekamen wir noch einige andere weiße Spitzenreben geschenkt.

Zunächst den sympathisch milden, also gelben Weißburgunder und dessen korpulenten Bruder, den vom Gelb ins Orange spielenden Grauburgunder. Dann den Silvaner, meistens knackig grün, in Franken aber von überragender Größe, die das gelb-orange Spektrum auslotet. Zwei weiße Züchtungen des 20. Jahrhunderts runden das Bild ab: der gelbe Müller-Thurgau, auch unter dem Namen Rivaner bekannt, und die grüne Scheurebe.

Klimabedingt führten rote Rebsorten in Deutschland lange ein Schattendasein. Der Trollinger wollte nie mehr sein als ein zufälligerweise rot geratener Weißwein mit bezaubernden Beerenaromen. Der Spätburgunder hatte ohne Zweifel Potenzial, konnte dieses aber nur in wirklich guten Jahren und meist nur in Baden

abrufen. Mit dem Klimawandel hat sich das grundlegend geändert: Gerade deutsche Spätburgunder zeigen heute eine Eleganz, die internationale Vergleiche nicht zu scheuen braucht. Und mit dem Lemberger und der Neuzüchtung Dornfelder gibt es mittlerweile zwei Rebsorten, die das angestammte lila Spektrum verlassen und körperreiche, samtige – also rubinrote – Rotweine hervorzubringen vermögen.

Und als der Herrgott sah, dass die Deutschen gerne deftige, fettreiche Kost zu sich nehmen, versah er die heimischen Rebsorten mit einem ordentlichen Quantum belebender Frische. Im Vergleich zu allen anderen Weinbauländern sind die Säurewerte deutscher Weine markant höher, auch bei insgesamt mild schmeckenden Tropfen wie dem Weißburgunder. Die Winzer kompensieren das, indem sie die Weine deutlich süßer ausbauen und so die Säure abpuffern. Trockene Weißweine dürfen nach deutschem Weinrecht bis zu 9 g/l Restsüße haben, was einem halben Teelöffel Zucker pro 0,2-l-Glas entspricht. Durchgegorene Weine – und nur diese würde ein Franzose als trocken bezeichnen – liegen bei rund 2 g/l. Deutsche Weine sind durch diese Süße-Säure-Komponente auch bei geringen Alkoholgraden sehr intensiv, mit lebendiger Frucht und Opulenz. Beim folgenden Gang durch die einheimische Küche können wir lediglich an einigen ausgewählten Orten Station machen. Dass wir es gerade dort tun, wo sich das Klischee über uns Deutsche besonders hartnäckig festgesetzt hat, ist unsere volle Absicht.

DEUTSCHE FARBENLEHRE

WELCHE SPEISEN HARMONIEREN ZU WELCHEN DEUTSCHEN WEINEN?

WEINTYP		
🙂	Riesling, Scheurebe, Elbling, Silvaner	+ FORELLE MÜLLERIN, LEBER-KNÖDEL, FLAMMKUCHEN
🙂	Weißburgunder, Rivaner oder Müller-Thurgau, Fränkischer Silvaner, Kerner, Gutedel, Auxerrois	+ KÄSESPÄTZLE, SPARGEL, SAUERKRAUT
🙂	Grauburgunder (Ruländer), Riesling Spätlese und Großes Gewächs, Gewürztraminer, Muskateller, Bacchus	+ KALBSBRATEN, ENTE, HIMMEL UND ERDE
🙂	Spätburgunder, Frühburgunder, St. Laurent, Trollinger, Portugieser, Schwarzriesling	+ KRUSTENBRATEN, GANS, LEBERKÄSE
🙂	Dornfelder, Lemberger bzw. Blaufränkisch, Spätburgunder Barrique und Großes Gewächs	+ RHEINISCHER SAUERBRATEN, REHRÜCKEN
🙂	Domina, Cabernet Mitos, Regent	+ SCHLACHTPLATTE, GRILLHAXE

LAND DES SPECKS UND DER WÜRSTE

Die Deutschen lieben das Schwein in seiner ganzen Vielfalt – vom Krustenbraten über Speckknödel bis zur Schlachtplatte. Lange hat sich die kulinarische Elite dessen geschämt und sich in Richtung Toskana und Provence orientiert. Mittlerweile hat die heimische Regionalküche selbst die Sternerestaurants zurückerobert – ein wenig verschlankt zwar und weniger derb, aber immer noch herzhaft und ehrlich. »Zu Schwein passt jeder Wein«, haben wir im Kapitel »Essensbasics« formuliert. Das gilt umso mehr für die deutschen Weine. Mit ihrer Säurestruktur beleben sie allzu Fettes und sind dabei doch so drall und zupackend, dass es einfach Spaß macht. Mächtige rubinrote und dunkelrote Weine, die das mittelintensive Schweinefleisch erdrücken könnten, gibt es hierzulande nicht. Und allzu Schwächelndes ist selbst bei Schoppenweinen selten.

THE KRAUTS

Wegen ihrer Vorliebe für Kohl jeglicher Art, vor allem aber für das Sauerkraut, haben sich die Deutschen ihren nicht besonders schmeichelhaften Spitznamen im angelsächsischen Raum erworben. Was aber trinkt man am besten zum Sauerkraut? Etwa 80 % unserer Mitbürger sehen jetzt ein Weißbier oder Pils vor sich und denken: Wein? Geht gar nicht! Fährt man jedoch ins Badische oder in die Pfalz, dann erlebt man, wie großartig ein Weiß- oder Grauburgunder zu Sauerkraut schmeckt. Es sind vor allem milde Weine aus dem gelben Spektrum, die sich mit dem – wie der Name schon sagt – sauren Kraut bestens vertragen. Von knackigen grünen Weinen würden wir eher abraten, weil sich Säure und Säure gegenseitig verstärken. Doch erzählten uns Winzer von der Mosel, dass auch Riesling passt, wenn das Kraut zuvor ordentlich gewässert wird.

Rheinischer Sauerbraten mit Lebkuchensauce – ein klarer Fall für Weine des rubinroten Typs.

Der zweite Kohlklassiker ist das Rotkraut. Zusammen mit Apfel, Lorbeer und Wacholder lange gedünstet, bekommt es seinen intensiven, ins Süßsaure spielenden Geschmack. Da sich zumeist noch ein Stück Rindfleisch oder dunkles Geflügel auf dem Teller befindet, empfehlen wir entweder Weißweine des orangen Typs – eine Grauburgunder Spätlese aus dem Holzfass, vielleicht sogar einen Gewürztraminer – oder die bereits erwähnten »Neuen Deutschen Samtigen«: einen Lemberger, Dornfelder oder im Barrique ausgebauten Spätburgunder.

Und dann ist da noch der Grünkohl, der vornehmlich in Gegenden geliebt wird, die sich weit entfernt von jeglichem Weinberg befinden. Wir haben alle Weine der Welt durchprobiert, um endlich mit absoluter Sicherheit diese Empfehlung auszusprechen: Bier und Korn.

KÄSESPÄTZLE UND KÄSEFONDUE

Kohlenhydrate, Fett und dazu noch die Süße der gerösteten Zwiebeln – Käsespätzle sind fürwahr eine mächtige Packung. Die Weinentscheidung hängt nicht zuletzt am Käse. Eigentlich läuft alles auf einen grünen Riesling hinaus, gern auch einen halbtrockenen. Bei sehr nussigem, Umami-reichem Käse kann es mit dem säurehaltigen Riesling jedoch im wahrsten Sinne des Wortes bitter werden. Im Ländle trinkt man daher zu den Spätzle die gelben Burgundersorten oder den sehr milden Gutedel, den die Schweizer unter dem Namen Chasselas oder Fendant auch zum Käsefondue favorisieren.

GENUSS IN SÜSSSAUER

Die Wiederentdeckung der regionalen Küche hat zu einer Rehabilitierung alter Gerichte geführt, die das Spiel von Süße und Säure verbindet. So kehren Gerichte wie Himmel und Erde, diese deftige Kombination aus Blutwurst, Apfelmus und Kartoffeln, aber auch Sülzen, Sauerfleisch oder Klöße mit Backobst auf die Speisepläne zurück. Bei all diesen Kombinationen empfehlen wir halbtrockene oder liebliche Weißweine im Grenzbereich von Gelb zu Orange – seien es Riesling, Kerner oder Elbling. Wer sich scheut, seinen Gästen mit dem Tabuwort »halbtrocken« zu kommen, wähle einen »Classic«-Wein. Steht dieser Begriff auf dem Etikett, dann wissen Sie, dass der Wein halbtrocken schmeckt – auch wenn es nirgendwo erwähnt wird.

Das wohl berühmteste Gericht dieser Kategorie ist der Sauerbraten: in Essig marinierter Rind, dazu noch Wacholder und Nelken und eine Sauce, die mit Sirup oder Lebkuchen gesüßt wird. Wenn Sie sich die Mühe machen, ein so opulentes Gericht aufzufahren, dann gönnen Sie sich auch einen großen Wein dazu. Entweder in Orange – etwa eine fruchtige Riesling Spätlese von der Mosel bzw. einen im Barrique ausgebauten Grauburgunder – oder in Lila bis Rubinrot, z. B. einen Spätburgunder aus dem Holzfass.

IRRTUM NR. 8

Gleich und Gleich gesellt sich gern!

Den Deutschen wird ja ein Hang zur Ordnung und ein großes Harmoniebedürfnis nachgesagt. Und so ist es kein Wunder, dass wir geneigt sind, dem sanft geschmorten Rinderbraten eine ebenso sanfte, also rubinrote spanische Reserva zur Seite zu stellen und dem fetten Krustenbraten einen ebenso »fetten«, also alkoholisch-üppigen Grauburgunder. Das schmeckt dann auch recht harmonisch – aber irgendwie auch langweilig. Das Essen selbst denkt da viel wilder und leidenschaftlicher. Der behäbige Krustenbraten träumt davon, von einem säurebetonten grünen Riesling mal so richtig durchgekitzelt zu werden. Und das sanfte Rind hätte überhaupt nichts dagegen, von einem rebellischen dunkelroten Stier – z. B. einem Nebbiolo – mit kernigen Tanninen und herber Frucht in ferne kulinarische Auen entführt zu werden. In bestimmten Fällen kann Ordnungsliebe sogar zu geschmacklichen Katastrophen führen. Wer den Salat an Limettendressing mit einem ebenso säurebetonten grünen Wein konfrontiert, wird dem Mienenspiel seiner Gäste entnehmen können, dass sauer nicht immer lustig macht.

Versuchen Sie, den Wein als Gewürz zu sehen, und fragen Sie sich, was Ihrem Essen fehlt oder was ihm guttun würde. Das Üppige, aber auch das Milde freut sich über eine belebende Komponente in Grün oder Lila. Das Extravagante – sei es scharf, sauer oder experimentell – braucht möglicherweise einen besänftigenden Wein aus dem rubinroten oder gelben Spektrum. Sehr vielen Fleischgerichten tut auch die raue, herzhafte Bitternote eines dunkelroten Weins richtig gut. Der Vergleich von Wein mit einem Gewürz ist gerade für grüne und dunkelrote Weine sehr treffend. Pur schmecken Gewürze oft unangenehm, im Essen aber sind sie eine große Bereicherung. So ist es auch bei den genannten Weinen. Solo genossen sind sie manchmal sehr kernig, bissig oder unausgewogen. Als Teamplayer im Zusammenspiel mit der Speise schwingen sie sich in unglaubliche kulinarische Höhen auf. Die braven, harmonischen Solisten können da nur staunend hinterherschauen.

ASIATISCHE KÜCHEN

Der Geschmack des Thunfischs inspirierte die Japaner zur Geschmacksrichtung Umami.

Eine asiatische Küche gibt es nicht. Der Unterschied zwischen einem indischen Tandoori-Gericht und einem japanischen Sushi könnte größer nicht sein. Begeben wir uns also gleich in die Küchen der jeweiligen Länder.

SUSHI UND SASHIMI

Die japanische Küche ist aus Weinsicht sehr vielschichtig. Da sind zum einen die filigranen Elemente – roher Fisch, Gemüse oder Tofu, feinste Aromen von Seetang –, die eigentlich nach einem eleganten, mineralischen Weißwein verlangen, der sie nicht mit opulenter Frucht oder mächtigem Körper erdrückt. Doch dann kommt eine Extraportion Umami in Form von Sojasauce hinzu und obendrein noch scharfer Wasabi. Den genannten feinen Weinen verschlägt es da schnell die Sprache.

Versuchen wir die Konstellation zunächst von der Essensseite her in den Griff zu bekommen. Vertrauen Sie nicht auf die Sojasauce vom Lieferservice – die ist meist industriell erzeugt und auch gezuckert, was die Weinwahl zusätzlich erschwert. Kaufen Sie sich eine gute, handwerklich hergestellte Sojasauce. Die japanische heißt Shoyu und ist sehr mild. Außerdem war es nie das Ziel der japanischen Küche, feine Sushi und Sashimi in Sojasauce zu ertränken. Umami, Salz und Schärfe sollen die Produkte zur wohlschmeckenden Größe entfalten. Wenn Sie also sparsam würzen, tun Sie den exzellenten Rohprodukten einen ebenso großen Gefallen wie dem Wein, denn so können wir beim angemessenen gelben und grünen Typ bleiben, steigern aber leicht die Intensität. Ein mittelintensiver Sauvignon blanc, wie er in Neuseeland oder Südafrika erzeugt wird, ein Chablis, ein Lugana oder ein Silvaner aus

Franken passt hervorragend. Für Rotwein fallen uns leider keine Argumente ein – darum geben wir hier auch keinen an.

CHINESISCHE KÜCHE

Wer sich einmal durch eine Speisekarte mit Dim Sum, den kleinen chinesischen Häppchen, gegessen hat, stellt erstaunt fest, wie deftig es hier zur Sache geht: Schweinebauch, Ohren, Hühnerfüße. Die chinesische Küche ist vielfältiger, als es uns die süßsauren Wok-Gerichte glauben machen. Dennoch beschränken wir uns auf diese hierzulande als klassisch geltende Küche, wird sie doch am häufigsten zubereitet – oder ins Haus geliefert.

Gemüse und Fleisch für ein Chop-Suey werden im Wok nur kurz gedünstet, das Gemüse bleibt knackig. Fleisch kann im Wok auch frittiert werden, z. B. die krosse chinesische Ente. Während in Europa die Zutaten gern sortiert und in begrenzter Zahl auf den Teller kommen, kombiniert die chinesische Küche fröhlich nach der Fünf-Elemente-Lehre – vereinfacht: süß, sauer, salzig, bitter, scharf –, um ein geschmacklich harmonisches Ganzes zu erzielen. Durch die Kombination von Fleisch und Gemüse mit scharfem Ingwer, Sojasprossen, gesäuerten Pilzen, vor allem aber durch Tamari, die intensive chinesische Sojasauce, entsteht der typische süßsaure, oft ins Scharf-Pikante spielende Geschmack.

WEISS VOR ROT, HALBTROCKEN VOR TROCKEN

Bei der Weinwahl kommen wir mit dem Mantra des deutschen Weinkäufers – egal was, Hauptsache trocken – nicht weiter. Süßsauer im Geschmack verlangt einfach nach Süßsauer im Wein, umso mehr, wenn auch noch Schärfe im Spiel ist. Wer partout auf trocken besteht, kann zum »Huhn mit acht Kostbarkeiten« auf grüne

Im Wasserdampf gegarte Dim Sum verlangen nach feinen Weinen des grünen, gelben oder lila Spektrums.

87

Weine aus Aromareben wie Sauvignon blanc oder Muskateller zurückgreifen, die auch ohne Restzucker ein hohes Maß an Frucht mitbringen. Oder er wählt grüne deutsche Weine wie Riesling oder Scheurebe, denn nach deutschem Weinrecht gelten auch noch Weine als trocken, die in anderen Ländern deutlich im halbtrockenen Bereich liegen. Dass wir persönlich beim »Doppelt gebratenen Schweinefleisch« ganz ungeniert zu einem halbtrockenen, ins Orange spielenden Wein wie einem restsüßen Chenin blanc von der Loire greifen, dürfte Sie nach unserem flammenden Plädoyer für diese Weinart (siehe »Irrtum Nr. 8«, Seite 90) nicht überraschen.

Weißweine passen auch vorzüglich zu dunklem Fleisch aus dem Wok. Wer allerdings bei marinierter Ente oder Rind lieber auf Rotwein umsteigt, sollte auf allzu griffige Tannine verzichten, da sie weder mit der Süße noch mit der Säure harmonieren. Ein rubinroter Typ wie etwa der Nero d'Avola oder ein Merlot gehen auch mit der Sojasauce eine geschmackvolle Liaison ein.

THAILÄNDISCHE KÜCHE

Die Thaiküche, unter der wir hier die Küchen Südostasiens zusammenfassen, zählt derzeit zu den Hotspots der Kochszene. Viele der »Jungen Wilden« unter den Köchen finden hier ihre Inspiration. Anders als bei der chinesischen Küche fehlt die Sojasauce und damit das üppige süßsaure Element. Dafür kommt eine sehr prägnante

Schärfe ins Spiel, gepaart mit einer feinen Säure. Stilbildend ist das Grüne Thaicurry, eine Paste aus grünen Chilischoten, Knoblauch, Koriandersamen und Zitronengras, die ein Geschmacksbild ergibt, das gleichzeitig sehr intensiv und scharf und doch fruchtig und filigran ist. Zu dieser Feinheit passen auch die frischen Kräuter wie Basilikum, Dill und Koriander, die der Thaiküche eine spielerische Leichtigkeit verleihen.

Ohne Substanz geht es natürlich auch in Thailand nicht – kein Stoffwechsel ohne Brennmaterial. Doch auch die fetten Komponenten, gebildet durch Kokosmilch und Erdnusssauce, wirken leichter als die europäischen Pendants Sahne und Schweineschmalz. Kokos und Erdnuss bringen beide eine nussige Komponente ins Essen, einen eher hintergründig wirkenden Bitterton.

ZWISCHEN GRÜN UND ORANGE

Welche Weine passen nun also zu einem thailändischen »Grünen Fischcurry mit Kokosmilch« oder zu einem »Hühnchen-Saté-Spieß mit Erdnusssauce«? Das Anforderungsprofil ähnelt dem einer Ballerina: Sie verfügt über ein hohes Maß an Intensität und Athletik im Ausdruck, wirbelt dabei aber spielerisch leicht übers Parkett. Dunkelrot und Rubinrot scheiden schon einmal aus, sie sind viel zu muskulös und mächtig. Allzu üppige orange Weine sind – um beim Tanzen zu bleiben – oft zu hüftsteif und wuchtig. Säurelastige grüne Weine sind zu Chili proble-

IRRTUM NR. 9

Lieblicher Wein – in der Küche ein No-Go

Trocken ist ein Muss, heißt es. Und Kenner würden alles trinken, aber niemals Süß. Der große Erfolg des Prosecco liegt nicht zuletzt darin begründet, dass schon der Name signalisiert, dass der Wein »secco« – trocken – ist. Deswegen kaufen wir auch so gerne Sekte der Geschmacksrichtung »extra dry«. Die Analyse zeigt indes anderes. Beim Prosecco sind 18 g/l Restsüße beinahe die Regel. Das entspricht einem halben Löffel Zucker in einem 0,1-l-Glas. Und extra dry heißt in der Weinsprache nichts anderes als halbtrocken. Was wir damit sagen wollen? Dass die meisten unserer Mitbürger Süße im Wein sehr gerne mögen – sie dürfen es nur nicht wissen! Nicht nur beim Sekt, auch bei den boomenden süditalienischen Weinen wie Nero d'Avola oder Primitivo spielt die Süße im Geschmacksbild eine große Rolle, ohne dass dies auf dem Etikett vermerkt wäre.

Dies soll kein Plädoyer für süßlichen Prosecco sein. Wir möchten nur diesen überheblichen Blick der Primitivo-Trinker nicht mehr sehen, wenn wir zu Thaigerichten einen halbtrockenen oder lieblichen Riesling bestellen. Denn wir sind überzeugt, dass es keinen besseren Wein zu scharfer oder süßsaurer asiatischer Küche gibt. Nun ist lieblich nicht gleich lieblich. Wichtig ist, dass die Süße dem Wein nicht nachträglich zugefügt wurde. Die natürliche Süße verbleibt im Wein, wenn die Gärung gestoppt wird. Und da als Erstes die »böse« Glukose vergärt, bleibt nur die Fruktose, also der edle Traubenzucker, im Wein.

Auch sollten restsüße Weine über ein gehörig Maß an Säure verfügen, die den Wein lebendig macht und eben nicht pappsüß. Denn auch die landläufige Trennung zwischen süßen und sauren Weinen ist ein Irrtum. Ein Wein kann sehr wohl beides sein, da Zucker- und Säuregehalt weitgehend unabhängig voneinander sind. Wenn jedoch ein Wein keinen Restzucker hat – also trocken ist –, spürt man die Säure viel deutlicher. Ein hoher Zuckergehalt wiederum kann eine kräftige Säure geschmacklich überdecken.

matisch, obwohl Kokos und Erdnuss mit ihrer sanften Cremigkeit die Schärfe gut abpuffern.

Was wir also suchen, sind Weißweine mittlerer Intensität aus dem Grenzbereich von Grün zu Orange. Unser Idealkandidat ist ein mittelintensiver Grüner Veltliner (z. B. eine Reserve): frisch, ausgewogen, dabei mit sympathischem Schmelz und feiner Pfefferschärfe – perfekt. Dann drei gelbe Italiener: Verdicchio, Vermentino und Roero Arneis, die eine moderate Säureader mit einem angenehm nussigen Touch verbinden. Trendsetter können zu Thaigerichten gern auch einen lila Rosé trinken.

INDISCHE KÜCHE

Die Küche des Subkontinents ist in vielerlei Hinsicht das genaue Gegenteil der südostasiatischen Küche. Durch lange Garzeiten, massiven Einsatz von kräftigen Gewürzen und süß-scharfe Saucen entstehen Gerichte von einer Intensität, die weltweit ihresgleichen sucht.

Eine Spezialität der indischen Küche sind Hülsenfrüchte, zumeist Linsen unterschiedlichster Farbe, die lange zu einem sämigen Brei namens Dal verkocht und mit Cumin, Koriander und anderem scharf gewürzt werden. Dazu empfehlen wir Weine des orangen Typs, etwa halbtrockenen oder lieblichen Riesling oder Kerner.

Fleisch wie Huhn oder Lamm wird in der indischen Küche scharf mariniert und dann im Holzkohleofen, dem Tandur, zubereitet. Dazu gibt es dann diverse süß-scharfe Chutneys oder – als kulinarisches Überbleibsel der Kolonialmacht England – süßsaure Pickles. Die Kombination von Schärfe und Süße verweist beim Wein wiederum in den orangen Bereich. Vom anderen Ende des Indischen Ozeans grüßt Südafrika, warum also nicht einen im Barrique gereiften Chardonnay oder Chenin blanc aus Stellenbosch?

WELCHER WEIN ZUM CURRY?
Die bekanntesten indischen Gerichte sind Currys, die extrem lange geschmort werden, was die reichhaltigen Aromen stark konzentriert. Die zum Würzen verwendeten Masalas sind bei uns unter dem Namen Curry als Gewürzmischungen bekannt geworden. Immer enthalten sind darin Kurkuma, Cumin, Koriander und Bockshornklee – der Rest bleibt das Geheimnis des Kochs.

Currys, etwa ein Lamm-Curry mit Spinat, gehören zu den aromatischsten Gerichten überhaupt. Gelbe Weißweine schmecken dazu wie Wasser, rubinrote Rotweine verwandeln sich im Mund zu einer dumpfen Marmelade. Der Wein zum Curry muss Biss, Kraft und eine Portion Extravaganz haben. Im orangen Spektrum erfüllt der Gewürztraminer diese Anforderungen, im dunkelroten ein Chianti Classico, ein Barbera d'Asti, ein Tannat oder ein Bordeaux aus dem Médoc. Das kann aufgrund der Säure und der Tannine dieser Rotweine auch schiefgehen – aber besser grandios scheitern als langweilen.

MEDITERRANE KÜCHE

Die mediterrane Küche ist eine der facettenreichsten und vielseitigsten der Welt. Dank ihr haben sich in den letzten Jahrzehnten die Ernährungsgewohnheiten der Deutschen stärker verändert als in den Jahrhunderten zuvor. Das hat seine guten Gründe. Zum einen machten sich die Deutschen mit Beginn des Wirtschaftswunders in Scharen auf, um die Landschaften Italiens, die Schönheiten Südfrankreichs oder die imposanten Betonburgen der spanischen Costa del Sol zu entdecken. Und überall dort konnte, wer die Komfortzone Vollpension verließ, authentische und aufregende kulinarische Entdeckungen machen.

Parallel zum Ausschwärmen der Deutschen in südliche Gefilde setzte die Zuwanderung von Arbeitskräften aus just jenen Ländern ein: Italiener, Spanier, Portugiesen und Griechen brachten auch die Ernährungsgewohnheiten ihrer Heimat mit. Unaufhaltsam breiteten sich Tomaten, Paprika, Auberginen, Zucchini, Knoblauch, Olivenöl, Kräuter wie Rosmarin, Oregano, Thymian, Salbei und Basilikum und die dazu passenden trockenen Weine in Deutschland aus. Gleichzeitig entstand eine rege Restaurantszene in bis dato niemals gekannter Vielfalt. Gerade die authentische Mittelmeerküche jenseits von Pizza, Pasta und Döner ist überaus vielseitig, schmackhaft und gesund.

Die traditionelle mediterrane Kost zeichnet sich aus durch einen hohen Anteil von Olivenöl, Obst und Gemüse, Nüssen und Getreideprodukten sowie den gemäßigten Konsum von Fisch und Geflügel. Milchprodukte, rotes Fleisch und Süßspeisen werden dagegen seltener gegessen, während ein Glas Wein regelmäßiger Bestandteil der Mahlzeiten ist. Die traditionell wichtigsten Weinbauländer Europas sind denn auch eng mit der mediterranen Küche verbunden.

FRANKREICH

Beginnen wir unseren Streifzug ganz klassisch in Frankreich, genauer gesagt in Südfrankreich. Denn der Norden des Landes ist ein Hort der bürgerlichen Haute cuisine mit viel Fleisch, Geflügel, Sahnesaucen und Schmorgerichten und somit der traditionellen Küche Deutschlands deutlich näher als jener der Provence, des Languedoc oder Korsikas. Zu den klassischen Schmorgerichten passen denn auch besonders gut traditionelle »bürgerliche« Weine des dunkelroten Spektrums wie die hochwertigen Bordeaux und zu Geflügel wie Ente oder Bresse-Poularde die Burgunder des lila bis dunkelroten Typs.

Im Süden Frankreichs unterscheidet sich die Küche je nach der Nähe oder Ferne zum Meer. Eine Spezialität im Languedoc ist z. B. das Cassoulet, ein herzhafter Eintopf mit weißen Bohnen, vielen Kräutern, Speck und Fleisch. Dazu passen natürlich vorzüglich die vollmundigen, charakterstarken Rotweine der Region aus dem dunkelroten Spektrum, etwa die kräftigeren Varianten von den Coteaux du Languedoc.

Perfekter Essensbegleiter: Chianti – hier ein Vertreter aus den Colli Senesi.

DER DUFT DER PROVENCE

In der Provence wird sehr viel mit aromatischen Kräutern wie Thymian, Rosmarin und Salbei sowie mit Tomaten, Auberginen und Gemüsepaprika in Verbindung mit Knoblauch und reichlich Olivenöl gekocht. Zum berühmten Ratatouille aus ebendiesen Zutaten passt denn auch ein mineralisch geprägter, eleganter Côtes de Provence Rosé aus der lila Abteilung ganz hervorragend. Die provenzalischen Roséweine sind sogar so charaktervoll und vielfältig, dass heute im Land des Muscadet, Sancerre, Entre-Deux-Mers und Chablis mehr Rosé als Weißwein getrunken wird!

Eine klassische Spezialität an der Küste ist die Marseiller Bouillabaisse. Gerade dieser gehaltvolle Fischeintopf, der meist unter reichlich Verwendung von Safran gekocht und mit der rötlichen Rouille, einer recht gehaltvollen Knoblauch-Safran-Mayonnaise, serviert wird, zeigt eines ganz deutlich: Traditionelle Weißweine aus dem grünen Bereich, also knackig-trocken und säurebetont wie ein klassischer Muscadet oder ein Sauvignon blanc von der Loire (Sancerre, Pouilly-Fumé) harmonieren zwar ganz vorzüglich mit einer klassischen Fisch- oder Meeresfrüchteplatte oder einer gegrillten Dorade und spielen dort ihre schlanke Mineralität aus. Aber in Verbindung mit den aromenreichen Köstlichkeiten der südfranzösischen Küche wie einer traditionellen Bouillabaisse präsentieren sie sich auf einmal ganz anders und sind in der Regel schlicht überfordert. Hier harmoniert dann wieder ein substanzreicher Rosé aus dem lila Spektrum, z. B. aus der Provence, dem Languedoc-Roussillon oder von der Rhône, ganz vorzüglich.

ITALIEN

In allen Weinbauländern haben sich Küche und Weine der jeweiligen Region im Laufe der Jahrhunderte aufeinander zuentwickelt – in der Regel finden Sie vor Ort genau die Weine, die zur dortigen Küche passen. Sehr schön ist das auch in Italien zu erleben. Hier unterscheiden sich die jeweiligen Regionalküchen so gravierend wie die dort jeweils vorherrschenden Weine, sodass allgemeine Empfehlungen zu »der« italienischen Küche gar nicht möglich sind. Auch in Italien kann man den Norden mit Südtirol und dem Trentino bis hin nach Verona nicht zur eigentlichen mediterranen Küche zählen – viel größer ist hier der Einfluss der einstigen Donaumonarchie, also Österreich-Ungarns. In Südtirol gibt es den herrlich leichten, hellroten Kalterersee aus der lila Abteilung als Begleiter zur Brotzeit und den klassisch dunkelroten, kraftvollen Lagrein zu Schmorgerichten von Rind und Schwein mit deftigen Knödeln. In der Altstadt Veronas mundet zum »Nationalgericht« Pferdegulasch mit Polenta ein gehaltvoller rubinroter Amarone oder ein knackiger lila Valpolicella.

TOSKANA UND EMILIA-ROMAGNA

Große Harmonie zwischen Speisen und einheimischem Wein herrscht auch in der Toskana: Was könnte man sich zum klassischen Brasato, einem würzigen Rinderschmorbraten in Rotweinsauce, Schöneres vorstellen als einen der charaktervollen und kräftigen dunkelroten Rotweine aus der Sangiovese-Traube wie Chianti Classico – gerne auch als Riserva –, Vino Nobile di Montepulciano oder Brunello di Montalcino? Auch zu anderen toskanischen Traditionsgerichten wie der herzhaften Bohnen-Brot-Suppe Ribollita oder dem berühmten saftigen und würzigen Bistecca alla fiorentina – ein gegrilltes T-Bone-Steak, bevor-

zugt vom Chianina-Rind – passen die genannten herzhaften Sangiovese-Weine ideal.

Die Region Emilia-Romagna in der fruchtbaren Poebene, Italiens Fleisch- und Milchkammer, wartet wiederum mit eigenen Spezialitäten auf. Mit Tortellini in brodo, Parmaschinken, diversen Salamisorten und reifem Parmesan harmoniert der hierzulande leider kaum bekannte trockene, spritzige Lambrusco aus dem dunkelroten Spektrum mit ordentlich Säure und Gerbstoffen ganz vorzüglich. Und mit dem Sangiovese di Romagna gibt es auch hier eine den kraftvolleren Chianti recht ähnliche Rotweinspezialität aus dem dunkelroten Bereich als perfekten Begleiter der sehr fleischlastigen Küche.

KÜSTE UND BERGE

Weiter südlich an der Adriaküste, in den Marken und Abruzzen, ist die Küche zweigeteilt: An der Küste des hier sehr artenreichen Meeres werden Hunderte verschiedener »Antipasti del mare« serviert – kleine gegrillte Fischchen, Meerschnecken, Muscheln, diverse Scampi- und Langostino-Variationen, gedünstet, gegrillt, roh mit Zitronensaft mariniert, gratiniert … Dazu passen die gelben Weine von der hochwertigen, eleganten weißen Regionalrebe Verdicchio vorzüglich. Kurz hinter der Küstenlinie, in den Bergen, sieht die Welt schon wieder ganz anders aus. Hier kommen häufig gegrillte Lammkoteletts mit Rosmarin und Knoblauch oder herzhafte Salsicce, die Würste

Chorizo, Schafskäse und Serrano-Schinken – zusammen mit einem samtig-weichen Tempranillo ein Fest!

der Region mit Peperoni und Fenchelsamen, auf den Tisch. Und wie von Zauberhand stehen mit dem Rosso Piceno und dem Rosso Conero sowie dem Montepulciano d´Abruzzo perfekt harmonierende örtliche Weinspezialitäten aus dem dunkelroten Spektrum parat, gekeltert aus der würzigen, herzhaften Montepulciano-Traube.

APULIEN UND SIZILIEN

In Apulien spielen abseits der Küsten, an denen ebenfalls bevorzugt Fisch und Meeresfrüchte serviert werden, Gemüse und Hülsenfrüchte eine ganz große Rolle, entweder als variantenreiche Antipasti oder aber in Verbindung mit Pasta. Die samtig-weichen rubinroten Weine aus den heimischen Rebsorten Primitivo und Negroamaro sind dazu die idealen Begleiter.

Ganz durch den Einfluss des Meeres – und der hier einst ein und aus gehenden Kulturen –

geprägt ist die Küche Siziliens: Fisch, Gemüse und Pasta aller Art und in großer Vielfalt spielen hier die erste Geige. Kein Wunder also, dass Sizilien traditionell weit mehr Weißwein als Rotwein anbaut und mit dem Corvo und dem Regaleali über zwei sehr bekannte, harmonisch milde gelbe Weißweine aus den lokalen Rebsorten Catarratto, Inzolia und Grecanico verfügt. Zu herzhaften Pastagerichten mit Saucen auf Tomatenbasis steht mit dem Nero d´Avola auch eine würzige regionale Rotweinsorte des zumeist samtig-weichen rubinroten Typs bereit.

SPANIEN

Mit einer großen Vielfalt an regionalen Gerichten und Besonderheiten wartet auch die spanische Küche auf. Sie wurde durch die wechselvolle Geschichte des Landes von verschiedenen Kulturen – u. a. sehr stark von der arabischen –

beeinflusst. Typisch sind neben den äußerst variantenreichen Tapas rustikale Eintopfgerichte mit Hülsenfrüchten, Kartoffelgerichte wie Tortilla und zahlreiche Spielarten der Reispfanne Paella.

Fleisch, Fisch oder Meeresfrüchte stehen im Vordergrund, Gemüse spielt nur als Beilage eine Rolle und ist nicht so prominent vertreten wie in Frankreich oder Italien. Gekocht wird fast ausschließlich mit Olivenöl, Gewürze und Kräuter werden nur sparsam eingesetzt, der Eigengeschmack der Zutaten dominiert. Eine große Rolle spielen Würste und Schinken. Der Pata Negra von halbwilden Schweinen, die sich von Eicheln ernähren, ist einer der besten Schinken der Welt.

SPITZENSORTEN IN WEISS UND ROT

Da die Speisen der spanischen Küche eher mild gewürzt sind, bieten sich harmonisch-milde Weißweine aus dem gelben Spektrum und samtig-

weiche rubinrote Gewächse an. Und genau das kann Spanien bieten. Die elegante, aromatische weiße Verdejo-Traube hat hier in den letzten Jahren eine Blitzkarriere hingelegt und ist ein Paradebeispiel für den gelben Weintyp – ideal zu Paella mit Meeresfrüchten, Tortillas oder Tapas auf Gemüse-, Ei- oder Kartoffelbasis. Der perfekte Begleiter zu Seafood wie Jakobsmuscheln oder gegrillten Scampi ist dagegen der mineralische Albariño von der Atlantikküste, der dem knackig-frischen grünen Typ entspricht.

Beim Rotwein dominiert in Spanien der samtig-weiche Tempranillo. Ob Rioja, Navarra, Ribera del Duero, Toro oder wie die zahlreichen neuen Qualitätsweinbaugebiete alle heißen: In den meisten spielt diese Rebsorte, die so ideal-typisch für den rubinroten Weintyp steht, die Hauptrolle. Als Jungwein (Joven) oder nur kurz im Holz gelegene Variante (Roble) eignen sich

Der salzige Trockenfisch Bacalao lässt den wunderbaren Fino-Sherry wieder zu Ehren kommen.

Weine aus der Tempranillo-Traube gut zur unkomplizierten Landküche. Die länger im Holzfass
gereiften Varianten Crianza, Reserva und Gran
Reserva passen auch zum in Ribera del Duero so
geliebten Milchlamm oder Zicklein aus dem Ofen
oder zu einem herzhaften Steak.

PORTUGAL

Die portugiesische Küche weist etliche Gemein-
samkeiten mit der spanischen auf. Vor allem auf
dem Land wird vorwiegend nahrhafte Hausmannskost mit Suppen und Eintöpfen als Schwerpunkt
geboten. Die bekannteste Suppe, die »Caldo
verde« (grüne Brühe), die in fast allen portugiesischen Lokalen serviert wird, basiert auf Grünkohl
mit pikanter Schweinswurst (Chorizo). Dazu kann
man kräftige Rotweine des dunkelroten Spektrums
genießen, z.B. Dão oder die Rotweine des Douro-
tals. Neben Fleisch, Fisch, Kartoffeln, Reis und
Gemüse spielen Bohnen eine wichtige Rolle,
meist als herzhafte Eintöpfe mit Wurst- oder
Rauchfleischeinlage. Auch dazu sind die kräftigen
dunkelroten Weine willkommene Begleiter.

Spezialität und Nationalgericht Portugals ist
jedoch der Bacalhau, gesalzener und getrockneter
Kabeljau, den es in unendlich vielen Varianten
gibt. Besonders lecker sind die köstlichen geba-
ckenen Stockfischbällchen. Sowohl zum Bacalhau
als auch zu den vielen frischen Fisch- und Meeres-
früchtevarianten wie Sardinen, Thunfisch, Langus-
ten, Krebsen, Schwertfisch, Austern oder Meeres-

spinnen, die das Füllhorn Atlantik vor Portugals
Küsten in traumhaften Qualitäten bereithält, passt
wunderbar der knackig-frische Vinho Verde. Mit
solch genussvollen Kombinationen von Essen und
Wein ist wirklich alles im grünen Bereich!

GRIECHENLAND

Auch in Griechenland haben sich im Laufe der
Jahrtausende Wein und Küche perfekt aufeinander
eingespielt. Mit den vielen Fisch- und Meeresfrüch-
tegerichten sowie den köstlichen kleinen Vorspeisen
(Mezedes) auf Gemüsebasis – etwa den vorzüglichen
Zucchinipuffern – harmonieren die aromatischen
und charaktervollen griechischen Weißweine aus
dem gelben Spektrum sehr gut, allen voran solche
aus der Paraderebsorte Assyrtiko.

Nirgendwo in der EU wird so viel Schaf-
und Ziegenfleisch verzehrt wie in Griechenland.
Dazu passen die charakterstarken und kräftigen
dunkelroten Weine des Landes wie der herzhafte
Naoussa aus der wertvollen Xinomavro-Traube.
Naoussa ist auch ein toller Begleiter zu den
würzigen Gerichten, die in Deutschland gemein-
hin mit Griechenland assoziiert werden, z.B.
Gyros, Souvlaki oder Moussaka.

Eines ist sicher: Die Küchen der Mittelmeerländer
zählen zum Köstlichsten und Vielfältigsten, das
der Globus kulinarisch für uns bereithält – schön,
dass es gerade hier so unendlich viele Weine
gibt, die perfekt dazu passen!

ORIENTALISCHE KÜCHE

Und dann gibt es da noch die andere mediterrane Küche, die mit den maurischen Wurzeln, in der Tomate, Pasta und Schwein nicht Fuß gefasst haben. Wir finden sie in der Levante, der Türkei und dem Maghreb – aber auch in Andalusien und auf Sizilien. Couscous, Bulgur, Bohnen und Kichererbsen sind die Grundnahrungsmittel, Auberginen und Möhren die wichtigsten Gemüsesorten. Das Lamm liefert das bevorzugte Fleisch. Dazu kommen intensive Gewürze: die scharfe Würzpaste Harissa, orientalischer Zimt, immer wieder Cumin, verschiedene Pfefferarten, Muskat, Nelke, Rosinen, Knoblauch, Oliven. All das kulminiert im geheimnisvollen Ras el-Hanout – »Chef des Ladens« –, jener Gewürzmischung, deren Zusammensetzung kein Koch verrät. Die kühlende Frische von Minze und Koriander sowie herzhafter Joghurt bilden den wohltuenden Gegenpol zum Feuer der Gewürze.

SHERRY ZUR VORSPEISE

Die orientalische Küche ist berühmt für ihre köstlichen Vorspeisen. Auf diversen kleinen Tellerchen liegen eingelegte Möhren, Hummus und Muttabal (Kichererbsen- bzw. Auberginenpaste), Tabouleh, Falafel, kleine Fleisch- oder Teigbällchen und fein gewürzte Joghurts. Der perfekte Begleiter für diese höchst unterschiedlichen Genüsse ist ein Wein, von dem bisher noch nicht die Rede war, eine Spielart des orangen Weintyps: trockener andalusischer Jerez, besser bekannt als Fino oder Manzanilla Sherry. Sein charakteristisches Aroma verdankt er einer langjährigen Fassreifung unter einem Hefeflor, die den Weinen eine herzhafte, hefige, nussige, ins Salzige spielende Frische verleiht. Fino Sherry zählt leider zu den vergessenen Genüssen, kann sich aber bei orientalischen Vorspeisen glänzend in Szene setzen.

Wer diesen Tipp zu abenteuerlich findet, der versuche es mit einem kraftvollen Vertreter des gelben Spektrums. Dessen milde, sanftmütige Art hält den turbulenten Basar der Aromen gut zusammen. Suchen Sie dabei wenn möglich die geografische Nähe zur Region. Wenn ein libanesischer oder algerischer Weißwein nicht aufzutreiben ist, empfehlen wir einen aus Sizilien, z. B. aus den Rebsorten Grillo oder Catarratto, oder aber einen Macabeo aus Spanien. Alles nicht verfügbar? Dann einen nussigen Pinot grigio.

Der Petersilien-Minze-Bulgur-Salat Tabouleh ist sehr beliebt und wird auch außerhalb des orientalischen Kontexts gern als Vorspeise in Menüs eingesetzt. Die frischen grünen Kräuter vertragen sich ebenso gut mit Weißweinen des grünen Geschmackstyps, etwa einem Sauvignon blanc, wie mit etwas gemäßigteren gelben Weinen wie dem Custoza vom Gardasee.

ROSÉ ZU FALAFEL

Die orientalische Küche gehört zu den wenigen, die ein vegetarisches Gericht als Aushängeschild haben, in diesem Fall Falafel. Zu den frittierten Kichererbsenbällchen würde ein animierender grüner Wein hervorragend passen, doch sind solche Gewächse im südlichen Mittelmeerraum nur schwer aufzutreiben. Eine Ausnahme macht die Rebsorte Vermentiro, die z. B. auf Sardinien sehr lebhafte Weißweine hervorbringt. Als Alternative käme ein Rosé aus der südspanischen Rebsorte Bobal in Frage.

Eine Spezialität des Orients ist das Aromatisieren von herzhaften Speisen mit eher süßlichen Gewürzen, etwa Möhren mit Zimt oder Huhn mit Vanille. Wer sich an solch ausgefallene Kreationen heranwagt, kann auch beim Wein auf orange Aromareben wie den nach Rosen duftenden Gewürztraminer oder den floral-würzigen Viognier zurückgreifen. Die gemäßigtere Variante sind allerdings orange und rubinrote Weine, die im Barrique gereift sind, z. B. roter Tempranillo oder weißer Viura aus Spanien. Das neue Eichenholz gibt Aromen an den Wein ab, die an Vanille, Kokos oder Zimt erinnern – das passt!

HEISSE WEINE ZU SCHARFEM ESSEN

Das Paradegericht der nordafrikanischen Küche ist Couscous mit Lammfleisch und Gemüse. Durch reichlich Beigabe u. a. von Harissa (Chili) und Cumin erhält dieses Gericht seine scharfe Würze, während Rosinen bisweilen für eine süßliche Komponente sorgen. Das Essen ist im wahrsten Sinne des Wortes heiß und verlangt

nach einem roten »Hot-Climate-Wein«, also einem samtigen rubinroten Wein aus dem tiefen Süden. Schwer verfügbar, aber authentisch wären rubinrote Weine aus dem libanesischen Bekaa-Tal, die klimabedingt säurearm sind. Ebenso geeignet und geografisch nahe sind sizilianische Rotweine – z. B. ein rubinroter Nero d'Avola – oder mediterrane spanische Rotweine – etwa ein Montsant aus Katalonien oder ein Monastrell. Sollten Sie zum Essen herzhaft gewürzten Joghurt reichen, denken Sie daran, eine kurze Weinpause einzulegen. Milchprodukte und Wein vertragen sich einfach nicht – abgesehen von der stark fetthaltigen Sahne.

Die Geheimnisse des Orients – reich dimensioniert: Harissa, Safran, Kardamom & Co.

Von wegen gelb – in der Latino-Küche wird mit zahlreichen hierzulande unbekannten Maissorten gekocht.

AUS DER NEUEN WELT – SÜDAMERIKA, MEXIKO, TEX-MEX & CO.

Kaum jemand weiß heute noch zuzuordnen, welch immensen Einfluss die Pflanzenvielfalt Mexikos auf die Küchen der Welt hatte. Schließlich haben hier u. a. Kakao, Vanille, Chili, Mais, Tomate, Avocado und Erdnüsse ihren Ursprung. Heute vermischen sich hierzulande die verschiedenen südamerikanischen Nationalküchen munter mit Einflüssen aus den Südstaaten der USA wie dem afroamerikanisch geprägten »Soulfood« oder der sogenannten »Tex-Mex-Küche«. Etliche Gerichte der amerikanischen Küche sind auch bei uns zu beliebten Klassikern avanciert und passen hervorragend zum lateinamerikanischen und kalifornischen Wein. Und genau mit den Gerichten und den ausgezeichneten Tropfen, die den Sprung über den Großen Teich geschafft haben, wollen wir uns hier befassen.

TACOS, NACHOS, CHILI CON CARNE

Eine wichtige Zutat, die es von Mexiko aus in fast alle amerikanischen Regionalküchen geschafft hat – und die den Azteken so wichtig war, dass sie ihr sogar einen eigenen Gott zuordneten –, ist der Mais. Besonders beliebt sind Tacos, gerollte Maisfladen mit verschiedensten Füllungen, aber auch Nachos, mehr oder minder kräftig gewürzte Maischips zu diversen Dips. Hier können die in aller Regel säurearmen und milden lateinamerikanischen Weißweine des gelben Spektrums, aber auch die kraftvolleren Weine aus dem orangen Umfeld zum Einsatz kommen, z. B. ein beherzt im Barrique ausgebauter kalifornischer oder australischer Chardonnay bzw. der etwas seltenere, gleichwohl großartige Viognier, z. B. aus Argentinien. Ein anderes wesentliches Element sind – vorwiegend schwarze – Bohnen, die in vielen Gerichten, Füllungen und

Eintöpfen eine wichtige Rolle spielen. Bekanntester Spross der Tex-Mex-Küche ist zweifelsfrei das Chili con Carne, ein pikanter Bohnen-Chili-Hackfleisch-Eintopf, in dem sich Elemente von Schärfe und Würze mischen. Auch dazu passen viele orange Weine aus der Neuen Welt vorzüglich, etwa im Barrique gereifte Chardonnays aus Kalifornien, Argentinien oder Chile. Aber auch rubinrote Vertreter wie der mild-elegante chilenische Carmenère, der würzige argentinische Malbec oder der üppige kalifornische Zinfandel machen hier eine gute Figur.

Bei den Tacos oder Nachos kommt es auf Gewürze und Beilage an. Zu Tacos mit milder Füllung, z. B. der Avocadocreme Guacamole, passen gelbe Weißweine wie Chardonnay ohne Holzausbau oder Viognier, aber auch lila Rosés, etwa aus Spanien oder Südfrankreich. Sind die Tacos mit Rindfleischstreifen und Chili gefüllt, harmonieren sowohl orange als auch rubinrote Weine, man kann sich aber auch mal an einen charaktervollen dunkelroten Cabernet aus Argentinien, Kalifornien oder Chile herantrauen.

GEGRILLTES UND GEBACKENES

Richtig Karriere gemacht hat auch »Soul Food«, die ehemalige Armeleuteküche der Schwarzen in den Südstaaten der USA. Sie war eine Küche des Mangels, und wenn sie Fleisch oder Geflügel enthielt, waren es als minderwertige Abfallprodukte angesehene Tierbestandteile. Doch mittlerweile wurden Spareribs, Chicken Wings & Co. dank kreativer, vielfältiger Würzungen zu beliebten »Weltgerichten«. Wunderbare Begleiter sind auch hier die kraftvollen orangen Barrique-Chardonnays oder die rubinroten Spezialitäten Zinfandel, Carmenère und Malbec.

Köstlich schmecken auch die argentinischen Empanadas, runde oder halbmondförmige Teigtaschen mit verschiedenen Füllungen, die es sowohl frittiert als auch gebacken gibt. Sind sie eher mild gefüllt, also mit Mais und Speck, Gemüse oder Schinken und Käse, passen dazu milde gelbe wie auch orange Weißweine sowie Rosés und gerbstoffarme Rotweine des lila Typs. Bei Empanadas mit pikanter Hackfleischfüllung kommen wieder die rubinroten Gewächse zum Zug.

Das argentinische Nationalgericht ist das Asado. In der Originalvariante wird alles gegrillt, was Rind, Schwein oder Schaf so hergeben, also nicht nur Steak oder Filet, sondern auch Kalbs- oder Schweinebauch, Rippchen, Därme, Niere oder Bries. Dazu gesellen sich pikante Chorizos (Paprikawürstchen) und Blutwürstchen. Eine beliebte Beigabe dazu ist Chimichurri, eine pikante Würzsauce mit gehackter Petersilie und Chili. Ideale Begleiter des opulenten Grillabends sind die dunkelroten, kraftvollen südamerikanischen Cabernets oder Tannats, deren kerniges Gerbstoffgerüst zur Verdauung von Fleisch und Würsten beiträgt und dem würzigen Chimichurri ordentlich Kontra gibt.

ALLROUNDER

DAS GEMEINSAME GLÜCK AUS DEM WEINGLAS

DIE PASSENDEN WEINE FÜR ALLE FÄLLE

Es gibt Momente, in denen Sie auf Nummer sicher gehen wollen. Da soll der Wein vor allem eines: allen gut schmecken. Das ist der Fall bei Familienfesten, z.B. bei einer Hochzeit oder einem Jubiläum. Oder Sie erwarten wichtigen Besuch von Ihrer Chefin oder von Geschäftspartnern. Vielleicht haben Sie auch jemand ganz Besonderes zum romantischen Candle-Light-Dinner eingeladen. In all diesen Situationen sind die Allrounder unter den Weinen gefragt. Sie finden sie in der rubinroten und der gelben Kategorie. Eine Ausnahme sind Partyweine, die dafür sorgen sollen, dass Ihr Fest lang und laut wird – doch dazu später.

Wer Mehrheiten gewinnen will, darf nicht polarisieren, das gilt auch beim Wein. Alle sechs Geschmackstypen haben ihre Liebhaber und sind zu bestimmten Speisen die bestmögliche Wahl. Doch solo genossen eckt z.B. der grüne Typ

bei vielen wegen seiner Säure an und der dunkelrote schmeckt manchen zu kantig. Der lila Typ wiederum wird von den Liebhabern kraftvoller Rotweine nicht für voll genommen und der orange schmeckt vielen zu exotisch und üppig. Der rubinrote Typ hingegen entspricht für die Mehrheit dem samtig-weichen Ideal eines Rotweins und wird gleichzeitig von den Anhängern der beiden anderen roten Typen akzeptiert.

Ähnlich ist es auch beim Weißwein: Die harmonisch-milde Art des gelben Typs trifft den Mehrheitsgeschmack, alle anderen können sich zumindest damit arrangieren. Auch in der Kombination mit Speisen erweisen sich der gelbe und der rubinrote Typ als Allrounder, selbst wenn sie vielleicht im einen oder anderen Fall nicht die erste Wahl sind – voll daneben liegen Sie damit jedenfalls nie. Jetzt wissen Sie also, warum man mit Merlot und Chardonnay immer durchkommt.

FAMILIENFEIERN

Bei großen Festen sollen die Weine nicht nur zum Essen passen, sondern auch im weiteren Verlauf des Abends Anklang finden. Der Spagat, der vom Wein gefordert wird, reicht vom Schweinefilet auf toskanische Art über den verwöhnten Weingaumen der Tante bis zum Cousin, der als bekennender Biertrinker gilt. Der angemessene Preisbereich liegt zwischen 6 und 12 € – darunter mangelt es den Weinen an Intensität für das Festessen, darüber können die Weine schnell zu schwer werden. Als Weißwein aus dem gelben Spektrum empfehlen wir die Burgundersorten in all ihren Spielarten, ebenso einen Blanc de Noirs vom Spätburgunder, einen Lugana oder einen Verdejo. Beim Rotwein des rubinroten Typs raten wir zu nicht allzu wuchtigen Weinen: einem Nero d'Avola, einem Blaufränkisch, einem Corbières, einer Rioja Crianza oder einem Shiraz.

HOHER BESUCH

Sie wollen Ihrem Chef oder Geschäftspartner Ihre Wertschätzung erweisen und gleichzeitig sicher sein, dass die Weine auch gefallen? Schwierig. Die wirklich bekannten Nobelmarken – Bordeaux, Brunello oder Barolo – schmecken erst nach längerer Lagerung und auch dann längst nicht jedem. Unser Tipp: Schenken Sie zur Begrüßung Champagner aus, das wissen alle preislich einzuordnen. Und zu den Speisen wählen Sie die Weine wie in diesem Buch beschrieben. Wenn Sie sich unsicher fühlen, dann bleiben Sie beim rubinroten und gelben Typ. Unsere Empfehlungen stehen für eine gehobene Weinqualität zwischen 8 und 15 €. Gelber Weintyp: Gavi di Gavi, Friulano, fränkischer Silvaner, Pinot blanc aus dem Elsass. Rubinroter Typ: Ribera del Duero Crianza, argentinischer Malbec Reserva, Aglianico, im Barrique gereifter Fitou.

CANDLE-LIGHT-DINNER

Ein Candle-Light-Dinner soll bezaubern. Dies allerdings werden Sie mitnichten erreichen, wenn bereits die Weine einen Schlafzimmerblick haben. Ein vanilliger Chardonnay, ein schwülstiger Merlot oder eine morbide Gran Reserva werden zwar gern als sinnlich verkauft, doch diesen Weinen geht jegliche erotische Spannung ab. Falls Sie uns als langjährigen Familienvätern im, nun ja, besten Alter in diesem Punkt überhaupt Vertrauen schenken wollen: Nichts ist sinnlicher als gemeinsam zu lachen. Und darum eröffnen Sie den Abend mit einem richtig knackigen Crémant, der Stimmung und Sinne belebt. Dann kredenzen Sie einen Weißwein mit sprühendem Charme aus dem Grenzbereich von Gelb zu Grün: einen Auxerrois, einen Vermentino, einen Picpoul oder einen Grünen Veltliner. Beim nachfolgenden rubinroten Rotwein sollte es dann nicht zu schwer werden. Perfekt wären ein österreichischer St. Laurent oder Blaufränkisch, doch auch ein Lagrein, ein chilenischer Carmenère oder ein sanfter Côtes du Rhône erzeugen dieses gewisse Knistern. Und kochen Sie gut! Dann haben Sie bis dahin auf jeden Fall einen großartigen Abend gehabt.

PARTY UND GARTENFEST

Partys folgen ihren eigenen Gesetzen. Nein, nicht gelbe und rubinrote, sondern eher belebende Weißweine des grünen Typs und frische lila oder herzhafte dunkelrote Weine können einem solchen Abend den entscheidenden Impuls geben. Zum einen darf bei Partys der Alkoholgrad der Weine die Zwölf vor dem Komma niemals überschreiten, daher dämpfen rubinrote Weine, die zu alkoholischer Fülle neigen, rasch die Stimmung. Zum Zweiten setzt bei einer großen Gästezahl der finanzielle Aspekt gewisse Grenzen, was sich bei Weinen des gelben Typs häufig in recht banalen, uninspirierten Tropfen niederschlägt. Und drittens besagt eine alte Volksweisheit, dass sauer lustig macht. Wenn es eng und warm ist, wenn getanzt, gelacht und geflirtet wird, schlägt die Stunde der knackigen Weine. Und sollten Sie nicht gerade ein scharfes Thaibüfett aufgefahren haben, passen die Weine auch bestens zu deftigem Essen und den schmackhaften Leckereien vom Schwein, die bei Ihrem Gartenfest auf dem Grill liegen.

Preislich liegen Sie bei 4 bis 7 € pro 0,75-l-Flasche in einem guten Bereich, wobei Sie mit der Wahl von Literweinen oder Bag-in-Box-Weinen (Weinkanister) die Qualität bei gleichen Kosten deutlich steigern können. Wir empfehlen: grüne Weißweine aus der Gascogne, Vinho Verde, Sauvignon blanc oder Riesling; lila Zweigelt, Pfälzer Rotwein, Barbera; dunkelroten Montepulciano, französischen Landwein aus dem Languedoc, spanischen Tinto Joven. Spätestens um zwei Uhr morgens werden Ihre Gäste Sie für die unbeschwerte Trinkbarkeit dieser Weine lieben.

IRRTUM NR. 10

Das Teuerste ist immer das Beste

Normalerweise kaufen Sie im Supermarkt Ihres Vertrauens immer einen Pinot grigio für 4,99 €, der Ihnen ganz gut schmeckt. Jetzt erwarten Sie Besuch, wollen ein leckeres Essen kochen und dazu einen besonderen Wein kredenzen. Also machen Sie sich auf zum Supermarkt und entdecken im Weinregal einen Pinot grigio für 12,99 €. Sie denken sich: »Wenn der für 4,99 € schon so lecker ist, muss dieser hier ja dreimal so gut schmecken!« Doch zu Hause beim festlichen Essen ist die Enttäuschung groß: Der teure Tropfen schmeckt breit, holzig und vor allem völlig überlagert. Sie haben statt eines frischen Gelben einen verdorbenen Orangen im Glas. Gut, dass Sie noch ein paar Flaschen von Ihrem Lieblingshauswein vorrätig haben.

Was ist geschehen? Sie lieben leichte, frische, nicht allzu komplizierte und gut trinkbare Weine. Ihr üblicher Pinot grigio aus dem aktuellen Jahrgang war insofern genau das Richtige für Sie. Für den besonderen Anlass haben Sie nun einen viel schwereren Wein erwischt, der im Holzfass ausgebaut wurde und zudem wohl schon viel zu lange im Regal gestanden hatte. Ähnliches hätte Ihnen auch bei einem Rotwein passieren können. Wenn Sie schöne Trinkweine des rubinroten Typs mögen und nun für einen besonderen Anlass einen sehr teuren, aber viel zu jungen großen Bordeaux oder Barolo gekauft haben, wird Ihnen der Wein überhaupt keinen Genuss bereiten, weil Sie nur die bitteren, strengen Tannine wahrnehmen.

Leider bietet der Preis beim Wein keine sichere Orientierung. Im Segment unter 3 € erwartet Sie überwiegend industrielle Massenware, doch schon bei 6 bis 10 € pro Flasche gibt es, auch im Weinfachhandel, hervorragende, saubere und gleichzeitig zugängliche, unkomplizierte Weine. Entscheidend ist immer der Anlass, zu dem Sie den Wein trinken möchten – und natürlich Ihr persönlicher Geschmack. Am besten suchen Sie sich einen Weinhändler oder Winzer Ihres Vertrauens, der sich auf Ihren Geschmack einstellen und Sie vor teuren Fehlgriffen bewahren kann.

PRAXISTEIL

QUICHE MIT GRÜNEM SPARGEL

UND TOMATEN

ZUBEREITUNGSZEIT ca. 2 Std.
FÜR 4 PERSONEN

FÜR DEN TEIG
200 g Mehl
150 g kalte Butter, in Stückchen
1 TL Salz

FÜR DEN BELAG
500 g grüner Spargel
100 g Cocktailtomaten
300 ml Milch
100 g Sahne
4 Eigelbe
3 Eier
Salz
frisch gemahlener Pfeffer
frisch geriebene Muskatnuss

AUSSERDEM
Quicheform (26 cm Ø)
Mehl zum Arbeiten
Butter für die Form

1. Für den Teig das Mehl auf eine Arbeitsfläche häufen und in die Mitte eine Mulde drücken. Die Butterstückchen, 3 EL kaltes Wasser und das Salz hineingeben. Mit den Händen alles rasch zu einem glatten Teig kneten. (Für die Herstellung des Teigs kann man auch eine Küchenmaschine verwenden.) Den Teig zu einer Kugel formen, in Frischhaltefolie wickeln und mindestens 30 Minuten kühl ruhen lassen.

2. In der Zwischenzeit für den Belag den Spargel waschen, die unteren Enden abschneiden und, falls nötig, die Stangen im unteren Drittel schälen. Die Spargelstangen in ca. 6 cm lange Stücke schneiden. Die Tomaten waschen und halbieren, dabei die Stielansätze entfernen.

3. Den Backofen auf 200 °C vorheizen. Den gekühlten Teig auf einer bemehlten Arbeitsfläche zu einem ca. 30 cm großen Kreis ausrollen.

4. Die Quicheform mit Butter fetten und mit dem Teig auskleiden. Den Teigboden mit einer Gabel mehrmals einstechen und im heißen Ofen (Mitte) ca. 15 Minuten blindbacken. Die Form herausnehmen, den Ofen jedoch nicht ausschalten.

5. Spargel und Tomaten auf den Teigboden verteilen. Die Milch mit der Sahne, den Eigelben und den Eiern verquirlen. Den Eierguss mit Salz, Pfeffer und Muskatnuss würzen. Gleichmäßig über Spargel und Tomaten gießen.

6. Die Quiche in den heißen Ofen (Mitte) stellen und ca. 45 Minuten backen. Falls nötig, den Kuchen vor Ende der Backzeit mit Alufolie bedecken, damit er nicht zu dunkel wird.

BONJOUR FINESSE

Dieses hochelegante Rezept setzt behutsam hingetupfte geschmackliche Akzente. Nichts soll den feinen Eigengeschmack des grünen Spargels dominieren. Die feine Säure der Tomaten wirkt frisch und leicht belebend, Ei und Muskat unterstreichen das finessenreiche Ensemble. Für das alles sind die Weine aus dem gelben Spektrum als Begleiter wie geschaffen. Ein pikanter fränkischer Silvaner, ein schmelziger Weißburgunder aus der Pfalz, aus Südtirol (Pinot bianco) oder dem Elsass (Pinot blanc) oder ein Lugana – und schon ist das Genießerglück perfekt!

CHECKLISTE

HERKUNFT	LOTHRINGEN
DOMINANTE ZUTAT	GRÜNER SPARGEL
GESCHMACK	SALZIG, FETT, BITTER
INTENSITÄT	MITTELINTENSIV
ZUBEREITUNG	IM OFEN BACKEN

WEINTYPEN	GELB	GRÜN ORANGE LILA	RUBINROT DUNKELROT

EMPFEHLUNG	WEISSBURGUNDER, SILVANER, LUGANA

ZWIEBELKUCHEN

MIT SPECK

ZUBEREITUNGSZEIT ca. 1 Std. 45 Min.
FÜR 4 PERSONEN

FÜR DEN TEIG
200 g Mehl
¼ TL Salz
100 g weiche Butter

FÜR DEN BELAG
7–8 Speisezwiebeln (600 g)
150 g durchwachsener Speck
1 EL Butter
100 g Crème fraîche
100 g Sahne
4 Eier
Salz
frisch gemahlener weißer Pfeffer
frisch geriebene Muskatnuss

AUSSERDEM
8 runde Förmchen (10 cm Ø) mit gewelltem Rand

1. Das Mehl auf eine Arbeitsfläche sieben, das
Salz darüberstreuen, die Butter in Stücken
darauflegen. Mehl und Butter zwischen den
Handflächen bröselig verreiben, 4 EL kaltes
Wasser dazugeben und das Ganze rasch zu einem
glatten Teig verkneten. Den fertigen Teig in
Frischhaltefolie wickeln und für ca. 1 Stunde
in den Kühlschrank stellen.

2. Für den Belag die Zwiebeln schälen und in
feine Scheiben schneiden. Den Speck in schmale

Streifen schneiden und in einer beschichteten Pfanne ohne Fett auslassen. Die Zwiebelscheiben darin glasig anschwitzen, dann die Butter hinzufügen. Die Zwiebel-Speck-Mischung beiseitestellen und abkühlen lassen.

3. Den Backofen auf 200 °C vorheizen. Die Crème fraîche mit der Sahne und den Eiern verquirlen und mit der Zwiebel-Speck-Mischung vermengen. Mit Salz, Pfeffer und Muskat würzen.

4. Den Teig auf einer bemehlten Arbeitsfläche zu einer 4 mm dünnen Platte ausrollen und 8 Kreise von 10 cm Durchmesser ausstechen. Die Förmchen mit dem Teig auslegen und die Ränder gut andrücken. Die überstehenden Teigränder abschneiden.

5. Den Belag in den Förmchen verteilen. Die Zwiebelkuchen im vorgeheizten Backofen ca. 20 bis 25 Minuten goldbraun backen und warm servieren.

HERBSTLICHES AUS DEM BACKOFEN

Kaum jemand verbindet die Zwiebel mit Süße. Und doch gründet ihre Beliebtheit gerade auf den süßlichen Aromen, die beim Anbraten entstehen. Darum ergänzt sich Zwiebelkuchen auch so großartig mit dem Federweißen, also dem hefig-süßen, noch nicht vollständig durchgegorenen jungen Wein. Andererseits handelt es sich bei der Zwiebelsüße nicht um Zucker, weshalb sich gebratene Zwiebeln sehr wohl mit säurebetonten grünen oder lila Weinen vertragen. Neben dem Federweißen empfehlen wir denn auch Weine dieser beiden Typen – etwa eine knackige Scheurebe oder einen Portugieser –, weil sie die mächtige Sahne-Speck-Mischung gut aufknacken.

CHECKLISTE

HERKUNFT	DEUTSCHE WEINBAUGEBIETE
DOMINANTE ZUTAT	ZWIEBELN, SAHNE
GESCHMACK	SALZIG, SÜSS, FETT
INTENSITÄT	MITTELINTENSIV
ZUBEREITUNG	IM OFEN BACKEN
WEINTYPEN	GRÜN GELB LILA ORANGE RUBINROT DUNKELROT
EMPFEHLUNG	FEDERWEISSER, SCHEUREBE, PORTUGIESER

FELDSALAT

MIT SPECKDRESSING

ZUBEREITUNGSZEIT 40 Min.
FÜR 4 PERSONEN

500 g Feldsalat
1 gegarte Kartoffel (ca. 200 g)
1 TL Salz
1 TL Kümmel
175 ml heißer Geflügelfond
4 EL Himbeer- oder Obstessig
2 EL Sud von Essiggurken
1 Schalotte
60 g durchwachsener Speck
4 EL Sonnenblumenöl
frisch gemahlener Pfeffer
1–2 TL Butter
4 EL Weißbrotwürfel
6–8 Radieschen

1. Den Feldsalat putzen, waschen und trocken schleudern. Die Kartoffel in einer Schüssel mit einer Gabel möglichst fein zerdrücken, dabei Geflügelfond, Essig und Gurkensud hinzufügen.

2. Die Schalotte schälen und fein würfeln. Den Speck ebenfalls fein würfeln. Das Öl in einer Pfanne erhitzen und den Speck darin braten.

3. Das heiße Fett durch ein Sieb zum Kartoffel-dressing gießen. Das Dressing salzen und pfeffern, die Schalotten und die gebratenen Speckwürfel untermischen.

4. Die Butter in einer Pfanne hell aufschäumen lassen und die Brotwürfel darin bei mittlerer Hitze von allen Seiten goldbraun rösten. Die Radieschen waschen, abtropfen lassen und in feine Scheiben schneiden.

5. Den Feldsalat in einer großen Schüssel behutsam mit dem Dressing mischen. Mit den Radieschenscheiben und den gerösteten Brotwürfeln bestreuen.

KNACKIGES MIT HERZ

Speck, Kümmel, Kartoffel, Himbeeressig – dieser Salat, der im Süddeutschen oder auch in Tirol beheimatet ist, kommt sehr herzhaft daher. Bei einem solchen Start ins Menü sollte der Wein nicht noch zusätzlich hervorstechen. Wählen Sie also einen Tropfen, der mit seinem zurückhaltenden Wesen die Aromen zusammenhält. Nicht allzu leichte gelbe Weißweine meistern diese Aufgabe hervorragend, allen voran ein mit viel Schmelz ausgestatteter Weißburgunder aus der Pfalz oder aus Südtirol. Wer lieber Rotwein trinkt, kann auch einen Kalterersee öffnen, dessen Fruchtaromen wunderbar mit dem Himbeeressig harmonieren.

CHECKLISTE

HERKUNFT	SÜDDEUTSCHLAND, ALPENREGION
DOMINANTE ZUTAT	HIMBEERESSIG, KÜMMEL
GESCHMACK	SAUER, SALZIG
INTENSITÄT	MITTELINTENSIV
ZUBEREITUNG	BRATEN (SPECK), RÖSTEN (BROT)

WEINTYPEN

GELB LILA	ORANGE RUBINROT	GRÜN DUNKELROT
🙂	😐	🙁

EMPFEHLUNG   SÜDTIROLER ODER PFÄLZER WEISSBURGUNDER, KALTERERSEE

GEBRATENE BLUTWURSTKNÖDEL

MIT APFEL-MAJORAN-PÜREE

ZUBEREITUNGSZEIT 45 Min.
FÜR 4 PERSONEN

FÜR DIE KNÖDEL
½ Zwiebel
½ Knoblauchzehe
2 Brötchen vom Vortag
2–3 EL Butter
70 ml lauwarme Milch
2 Eier, verquirlt
1 EL gehackte Petersilie
1 TL gehackte Majoranblättchen
Salz, Pfeffer
frisch geriebene Muskatnuss
100 g Blutwurst
4 Stängel Majoran

FÜR DAS PÜREE
4 Äpfel (Boskop)
40 g Gänseschmalz
2 TL Majoranblättchen
Salz
Zucker

1. Die Zwiebel und den Knoblauch schälen und beides fein würfeln. Die Brötchen in kleine Würfel schneiden und in eine Schüssel geben.

2. In einer Pfanne 1 EL Butter zerlassen und die Zwiebel darin hellbraun rösten, den Knoblauch hinzufügen und kurz mitbraten.

3. Die Brötchen mit der lauwarmen Milch übergießen, dann die Eier, die gerösteten Zwiebelwürfel und die gehackten Kräuter untermengen. Alles mit Salz, Pfeffer und Muskat würzen und ca. 15 Minuten ziehen lassen.

4. Die Blutwurst in ca. 5 mm große Würfel schneiden, dann die Blutwurstwürfel unter die Semmelmasse heben.

5. Für das Püree die Äpfel schälen, vierteln und das Kerngehäuse entfernen. Die Äpfel in Gänseschmalz langsam weich dünsten und anschließend durch ein Sieb passieren. Den Majoran fein hacken. Das Püree mit Majoran, Salz und Zucker abschmecken.

6. Aus der Semmel-Blutwurst-Masse kleine Knödel formen. Die restliche Butter zerlassen und die Knödel darin langsam anbraten. Die gebratenen Blutwurstknödel mit dem Apfel-Majoran-Püree auf vorgewärmten Tellern anrichten, mit etwas Majoran garnieren und servieren.

WIEDERENTDECKTES REGIONALGERICHT

Für viele mag dieses Gericht aus der deutschen bzw. französischen Regionalküche eher ungewöhnlich sein. Die Blutwurst bringt Süße, der Apfel Säure, der Majoran sorgt für eine feine Kräuterwürze. Als Weinbegleitung für diese Geschmackskombination eignet sich eine orange Aromarebe wie der Gewürztraminer ideal, und zwar in einer möglichst trockenen Variante. Sein Rosenaroma findet hier das perfekte Betätigungsfeld. Zu ausgefallen? Dann ein bodenständiger gelber Rivaner. Auch ein lila Beaujolais mit seiner mineralischen Art und den erfrischenden Beerenaromen kommt hier schön zur Geltung.

CHECKLISTE

HERKUNFT	WESTDEUTSCHLAND, NORDFRANKREICH
DOMINANTE ZUTAT	BLUTWURST, APFELMUS
GESCHMACK	SAUER, SÜSS
INTENSITÄT	MITTELINTENSIV
ZUBEREITUNG	BRATEN
WEINTYPEN	GELB ORANGE LILA — GRÜN RUBINROT DUNKELROT
EMPFEHLUNG	RIVANER, GEWÜRZTRAMINER TROCKEN, BEAUJOLAIS (GAMAY)

ALLGÄUER KÄSESPÄTZLE

ZUBEREITUNGSZEIT ca. 1 Std.
FÜR 4 PERSONEN

FÜR DEN TEIG
5 Eier
6 Eigelbe
1 Msp. Salz
1 Msp. frisch geriebene Muskatnuss
500 g Mehl
1 EL saure Sahne

FÜR DIE SPÄTZLE
75 g Allgäuer Bergkäse
75 g Emmentaler
75 g Edamer (oder Weißlackerkäse)
400 g weiße Zwiebeln
80 ml Rapsöl
250 g Zwiebeln
50 g Butter
Salz
frisch gemahlener Pfeffer
3–4 EL Schnittlauchröllchen
Bratensauce nach Geschmack

AUSSERDEM
Spätzlehobel

1. Eier, Eigelbe, Salz und Muskatnuss mit einem Schneebesen anschlagen und anschließend 1 Minute ruhen lassen. Dadurch bekommt der Teig eine kräftigere Farbe. Das Mehl und die saure Sahne hinzufügen und so lange schlagen, bis der Teig Blasen wirft. Den Spätzleteig zugedeckt ca. 20 Minuten ruhen lassen.

2. In der Zwischenzeit Bergkäse, Emmentaler und Edamer fein reiben. Die weißen Zwiebeln schälen und in feine Scheiben schneiden. Das Öl in einer Pfanne erhitzen und die Zwiebelscheiben darin langsam goldbraun und knusprig rösten. Die gerösteten Zwiebelringe in ein Sieb abschütten, auf Küchenpapier abtropfen lassen und mit Salz bestreuen.

3. Die Zwiebeln schälen und in feine Würfel schneiden. Die Butter aufschäumen lassen, die Zwiebelwürfel hinzugeben und goldbraun rösten. Mit Salz und Pfeffer würzen.

4. In einem großen Topf reichlich Salzwasser aufkochen lassen. Den Spätzlehobel kurz in das Wasser eintauchen, dann mit Teig füllen und die Spätzle ins kochende Wasser hobeln. Die Spätzle kräftig aufkochen lassen, dann mit einem Schaumlöffel herausheben, kurz in kaltem Wasser abschrecken und anschließend gut abtropfen lassen. Mit den weiteren Portionen auf die gleiche Weise verfahren.

5. Die Spätzle mit den Zwiebelwürfeln durchschwenken und mit Salz und reichlich Pfeffer würzen. Den geriebenen Käse unter die heißen Spätzle rühren, bis er schmilzt und Fäden zieht.

6. Die Bratensauce erwärmen. Die Käsespätzle auf vorgewärmte Teller anrichten, die knusprigen Zwiebelringe darüber verteilen, etwas Bratensauce angießen und die Käsespätzle mit Schnittlauchröllchen bestreuen. Als Beilage eignen sich Kopfsalat oder Feldsalat.

KÄSEWAHL

Wer es nicht so kräftig mag, kann den Bergkäse weglassen. Emmentaler sollte jedoch in jedem Fall dabei sein, da er sehr gut schmilzt und die klassischen Fäden zieht.

SCHMELZIGE WUCHT

Diese geballte Ladung aus Kohlehydraten und Fett hat es in sich. Richtet man sich nach der Regel »Fett verlangt Säure«, wäre der Fall hier eigentlich klar. Allein, im Käse – und besonders im Emmentaler – kommt eine nussige Umami-Note zum Tragen, die zusammen mit der Säure eines grünen Weins irgendwie metallisch-bitter wirkt. In der Spätzleregion selbst greift man deshalb auf den fülligen gelben Gutedel zurück. Mit einer feinen nussigen Note empfehlen sich auch der gelbe Auxerrois – etwa von der Obermosel – oder der orange Muskateller. Letzterer krönt die behäbigen Käsespätzle zudem noch mit einer extravaganten Holunderblütennote.

CHECKLISTE

HERKUNFT	ALLGÄU
DOMINANTE ZUTAT	KÄSE, ZWIEBELN
GESCHMACK	FETT, UMAMI, SÜSS
INTENSITÄT	MITTELINTENSIV
ZUBEREITUNG	KOCHEN

WEINTYPEN

GELB ORANGE	LILA RUBINROT	GRÜN DUNKELROT
☺	😐	☹

EMPFEHLUNG   GUTEDEL, AUXERROIS, MUSKATELLER

TAGLIOLINI ALLA CARBONARA

ZUBEREITUNGSZEIT 1 Std. 30 Min.
FÜR 4 PERSONEN

FÜR DEN TEIG
150 g Weizenmehl Type 405 oder 550
250 g feiner Hartweizengrieß
4 Eier
1 TL Salz

FÜR DIE TAGLIOLINI
4 Scheiben Pancetta (150 g), je ca. ½ cm dick
2 Eier
150 g frisch geriebener Parmesan

AUSSERDEM
Nudelmaschine

1. Für den Teig Mehl und Grieß auf die Arbeitsfläche geben und leicht anhäufen. In die Mitte
eine Mulde drücken, dann die Eier und das Salz
hineingeben und mit einer Gabel gut verquirlen.

2. Nach und nach in kreisenden Bewegungen
immer mehr Mehl vom Rand mit einarbeiten, bis
ein dickflüssiger Teig entsteht. Dann mit den
Händen das übrige Mehl von außen über die
Eier-Mehl-Mischung verteilen und untermischen.

3. Alles gut miteinander verkneten, bei Bedarf
ein wenig Wasser (1 bis 2 TL) einarbeiten. Den
Teig ca. 10 Minuten kneten, bis er glatt und
geschmeidig ist. Während des Knetens immer

wieder zusammenfalten. Den Teig dann zu einer Kugel formen, in Frischhaltefolie einschlagen und 1 Stunde ruhen lassen.

4. Für die Tagliolini die Pancetta klein würfeln und in einer beschichteten Pfanne ohne Fett auslassen. Die Eier in einer Schüssel verquirlen und den Parmesan unterrühren.

5. Den Teig mit der Nudelmaschine zu dünnen Bahnen ausrollen, 25 bis 30 cm lange Stücke abtrennen und diese in 1½ bis 2 mm breite Tagliolini schneiden.

6. Die Pasta in kochendem Salzwasser 1 bis 2 Minuten garen, aus dem Wasser heben, direkt in die Eier-Parmesan-Mischung geben und gut durchschwenken. So viel heißes Nudelkochwasser zugeben, bis die Sauce eine cremige Konsistenz hat. Zum Schluss die gebratenen Pancettawürfel untermischen.

7. Die »Tagliolini alla carbonara« auf vorgewärmte tiefe Teller verteilen. Nach Belieben mit etwas Parmesan bestreuen und sofort servieren.

GEMÜTLICH UND ANSCHMIEGSAM

Dieses römische Pastagericht mit gehaltvoll-sämiger Sauce verbreitet sanftes Wohlbehagen und eröffnet ein breites Spektrum an attraktiven Begleitern. Schon unkomplizierte gelbe Weißweine wie Frascati oder Verdicchio passen recht gut. Kraftvolle orange Weißweine, etwa ein im Holzfass gereifter piemontesischer Chardonnay oder eine weiße Top-Cuvée aus Friaul, können ebenso punkten wie opulente, fruchtbetonte lila Rosés, z. B. ein Cerasuolo d´Abruzzo. »Bella figura« zu den Tagliolini machen auch rubinrote Weine wie ein Ripasso oder ein charmanter Primitivo aus Apulien.

CHECKLISTE

HERKUNFT	ROM
DOMINANTE ZUTAT	SPECK, EI
GESCHMACK	UMAMI, SALZIG, FETT
INTENSITÄT	MITTELINTENSIV
ZUBEREITUNG	BRATEN (SPECK), KOCHEN (TAGLIOLINI)
WEINTYPEN	☺ GELB ORANGE LILA RUBINROT ☹ DUNKELROT GRÜN
EMPFEHLUNG	FRASCATI, TOP-CUVÉES AUS FRIAUL, CERASUOLO D´ABRUZZO, RIPASSO, PRIMITIVO

LASAGNE AL FORNO

ZUBEREITUNGSZEIT ca. 1 Std. 20 Min.
FÜR 6 PERSONEN

FÜR DIE FLEISCHSAUCE
3 EL Olivenöl
500 g Hackfleisch
1 Zwiebel
2 Möhren
2 Stangen Sellerie
3 EL Tomatenmark
Salz
frisch gemahlener Pfeffer
500 ml Fleischfond
½ Bund Petersilie

FÜR DIE BÉCHAMELSAUCE
1 EL Butter
2 EL Mehl
500 ml Milch
Salz
frisch gemahlener weißer Pfeffer
frisch geriebene Muskatnuss

AUSSERDEM
1 große Lasagneform
Butter für die Form
250 g Lasagneblätter (ohne Vorkochen)
80 g frisch geriebener Parmesan

1. Für die Fleischsauce das Öl in einer Pfanne erhitzen und das Hackfleisch darin krümelig braten. Die Zwiebel und die Möhren schälen und klein schneiden. Die Selleriestangen waschen, putzen und in dünne Scheiben schneiden.

2. Das Gemüse zum Hackfleisch geben und kurz mitbraten. Alles mit Salz und Pfeffer würzen, dann das Tomatenmark unterrühren und den Fleischfond dazugießen.

3. Die Petersilie waschen und trocken schütteln. Die Blättchen von den Stängeln zupfen, fein hacken und unter die Hackfleischsauce mischen. Die Sauce offen bei mittlerer Hitze ca. 30 Minuten köcheln lassen.

4. In der Zwischenzeit für die Béchamelsauce die Butter in einem Topf erhitzen und das Mehl darin anschwitzen. Den Topf vom Herd nehmen und die Milch unter Rühren zur Mehlschwitze gießen. Wieder auf den Herd stellen und die Sauce unter Rühren kurz aufkochen lassen. Mit Salz, Pfeffer und Muskat würzen. Die Béchamelsauce bei schwacher Hitze unter Rühren 5–10 Minuten köcheln lassen.

5. Den Backofen auf 220 °C vorheizen. Den Boden der Lasagneform mit Butter fetten und mit einer Lage Lasagneblättern belegen. Darauf erst eine Schicht Hackfleischsauce, dann etwas Béchamelsauce und wieder eine Lage Nudelblätter geben. So weiterverfahren, bis alle Zutaten verbraucht sind, dabei mit einer Schicht Béchamelsauce abschließen. Diese mit dem Parmesan bestreuen. Die Lasagne im heißen Ofen (Mitte) ca. 20 Minuten backen.

EMILIANISCHER BESTSELLER

Die Gourmet-Metropole Bologna gilt als Geburtsstätte der köstlichen Lasagne, des vielleicht beliebtesten Nudelauflaufs der Welt, in dem sich Herzhaftigkeit und Würze vereinen. Aus der Emilia-Romagna und der Nachbarregion Toskana stammen die perfekten Weine dazu: kraftvoller Chianti Classico, Rosso di Montalcino oder Sangiovese di Romagna, allesamt würdige Vertreter der dunkelroten Abteilung. Aber auch rubinrote Kandidaten wie etwa ein mildwürziger Minervois aus Frankreich oder ein mittelgewichtiger Shiraz aus Australien schmiegen sich charmant um die Nudelblätter.

CHECKLISTE

HERKUNFT	EMILIA (ITALIEN)
DOMINANTE ZUTAT	HACKFLEISCH
GESCHMACK	SALZIG, FETT
INTENSITÄT	SEHR INTENSIV
ZUBEREITUNG	IM OFEN ÜBERBACKEN
WEINTYPEN	☺ DUNKELROT RUBINROT ☹ GELB ORANGE LILA ☹ GRÜN
EMPFEHLUNG	CHIANTI CLASSICO, SANGIOVESE DI ROMAGNA, SHIRAZ

OFENLACHS

MIT KARTOFFELWÜRFELN UND SPINATSAUCE

ZUBEREITUNGSZEIT 45 Min.
FÜR 4 PERSONEN

4 Lachsfilets ohne Haut (je 200 g)
1 TL Butter für die Form
3 EL Olivenöl
Meersalz (z. B. Fleur de sel)

FÜR DIE KARTOFFELN
600 g festkochende Kartoffeln
4 EL Olivenöl
1 Prise getrocknete Chiliflocken
1 Prise gemahlener Kümmel

FÜR DIE SPINATSAUCE
250 g Wurzelspinat
4 EL Olivenöl
1 große Schalotte (50 g)
1 Knoblauchzehe
2 EL kalte Butter
1 TL Mehl
300 ml Gemüsebrühe
200 g Sahne
Salz
frisch gemahlener schwarzer Pfeffer
frisch geriebene Muskatnuss

AUSSERDEM
Fischpinzette
Auflaufform

1. Den Backofen auf 80 °C (nur Ober-/Unterhitze) vorheizen. Lachs kalt abspülen und trocken tupfen. Eventuell verbliebene Gräten mit der Pinzette entfernen. Die Form mit Butter fetten.

2. Das Öl in einer großen Pfanne erhitzen. Die Lachsfilets mit Meersalz würzen und mit der Oberseite in die Pfanne legen. Bei mittlerer Hitze 1 Minute anbraten. Wenden, in die Form legen und diese zweimal mit Frischhaltefolie umwickeln. Den Fisch im vorgeheizten Ofen (Mitte) in ca. 30 Minuten glasig garen.

3. In der Zwischenzeit die Kartoffeln waschen, schälen und in 1 cm große Würfel schneiden. Das Öl in einer großen Pfanne erhitzen und die Kartoffelwürfel darin bei mittlerer Hitze in 12–15 Minuten knusprig braten. Mit Meersalz, Chiliflocken und Kümmel würzen, auf Küchenpapier abtropfen lassen.

4. Für die Spinatsauce die groben Stiele vom Spinat entfernen. Die Blätter waschen und abtropfen lassen, dann in kochendem Salzwasser 1 Minute blanchieren. In ein Sieb abgießen, eiskalt abschrecken und anschließend gut abtropfen lassen. Den Spinat mit den Händen gut ausdrücken, dann fein hacken. Zusammen mit dem Olivenöl mit dem Pürierstab fein mixen. Schalotte und Knoblauchzehe schälen und in feine Würfel schneiden.

5. In einem Topf 1 EL Butter erhitzen. Schalotte und Knoblauch darin 2 Minuten glasig dünsten. Das Mehl einstreuen, die Brühe nach und nach einrühren. Aufkochen und bei mittlerer Hitze 5 Minuten köcheln lassen. Dabei gelegentlich umrühren. Die Sahne zugießen und bei schwacher Hitze 5–6 Minuten weiterköcheln lassen.

6. Den Spinat unterziehen und 2 Minuten mitgaren. Die restliche Butter in kleine Würfel teilen und mit dem Pürierstab unter die Sauce mixen. Mit Salz, Pfeffer und Muskat abschmecken.

7. Den Lachs aus dem Ofen nehmen und die Folie abziehen. Mit Spinatsauce und Kartoffeln auf vorgewärmten Tellern anrichten.

BELIEBTER FISCH GANZ RAFFINIERT

Dass Lachs preiswert und verbreitet ist, ändert nichts daran, dass es sich um einen leckeren Fisch handelt – besonders bei einer so gelungenen Komposition, in der sowohl der Fisch selbst als auch Kartoffeln und Spinat beherzte geschmackliche Akzente setzen. Hier können die frischen grünen Weine mit ihrer knackigen Säure richtig punkten: ein klassischer trockener Riesling aus dem Rheingau oder der Pfalz, ein spritziger halbtrockener Moselriesling, ein saftiger Sauvignon blanc aus Südafrika oder Neuseeland. Zum relativ fettreichen Lachs passen auch gelbe Weine – und er verträgt sogar kräftige lila Rosés.

CHECKLISTE

HERKUNFT	HEIMISCHE KÜCHE
DOMINANTE ZUTAT	LACHS, SPINATSAUCE
GESCHMACK	SALZIG, FETT, BITTER
INTENSITÄT	MITTELINTENSIV
ZUBEREITUNG	BRATEN UND IM OFEN GAREN
WEINTYPEN	☺ GRÜN GELB LILA ☐ ORANGE RUBINROT ☹ DUNKELROT
EMPFEHLUNG	RIESLING TROCKEN ODER HALBTROCKEN, SAUVIGNON BLANC, CÔTES DE PROVENCE ROSÉ

ZANDERFILET

MIT WEISSWEINSAUCE

ZUBEREITUNGSZEIT 30 Min.
FÜR 4 PERSONEN

4 Zanderfilets (je 150 g)
1 TL Salz
frisch gemahlener Pfeffer

FÜR DIE WEISSWEINSAUCE
1 kleine Schalotte
30 g Butter
10 ml Noilly Prat
80 ml trockener Weißwein
200 ml Fischfond
80 g Sahne
20 g eiskalte Butterstückchen
Salz
frisch gemahlener Pfeffer
1 EL geschlagene Sahne

AUSSERDEM
gebuttertes Pergamentpapier
Kerbel zum Garnieren

1. Den Backofen auf 180 °C vorheizen. Für die Sauce die Schalotte schälen und fein würfeln. Die Butter in einer ofenfesten Form erhitzen und die Schalottenwürfel darin glasig dünsten.

2. Den Noilly Prat angießen und einkochen lassen. Nacheinander Wein und Fischfond hinzugeben und die Flüssigkeit um etwa ein Drittel reduzieren.

3. Die Fischfilets salzen und pfeffern und in die Sauce legen. Die Form mit gebuttertem Pergamentpapier bedecken und in den heißen Ofen stellen. Den Fisch ca. 8 Minuten im Ofen (Mitte) garen, dann herausnehmen und warm stellen.

4. Den Garsud aus der Form durch ein feines Sieb in eine Kasserolle passieren und erhitzen. Die Sahne unterrühren. Die kalten Butterstückchen mit dem Schneebesen darunterschlagen. Die Sauce salzen und pfeffern, zum Schluss die geschlagene Sahne unterheben.

5. Die Weißweinsauce mit dem Stabmixer schaumig aufschlagen. Den Fisch auf Teller verteilen, mit der Sauce überziehen und mit Kerbel garnieren. Zu diesem Gericht passen Salzkartoffeln und Spargel.

ZARTER FISCH IN FÜLLIGER UMARMUNG

Der Zander ist der vielleicht eleganteste unter den Süßwasserfischen. Bei diesem Gericht muss er sich allerdings sehr anstrengen, um in der Sahne-Wermut-Weißwein-Sauce nicht unterzugehen, die hier eindeutig den Ton angibt. Sahne hat einen hohen Fettgehalt. Helfen Sie deshalb dem Zander mit einem frischen grünen Wein, sich dieser fülligen Umarmung ein wenig zu entziehen. Weißweine von Muschelkalkböden, etwa ein fränkischer Silvaner oder ein Chablis, passen gut. Wenn Sie denselben Wein auch für die Sauce verwenden, kann gar nichts schiefgehen. Das gilt auch für den Fall, dass Sie sich abweichend vom Rezept für einen knackigen lila Rosé, z. B. vom Spätburgunder, entscheiden.

CHECKLISTE

HERKUNFT	MITTELEUROPA
DOMINANTE ZUTAT	SAHNE-WEINSAUCE
GESCHMACK	SALZIG, FETT
INTENSITÄT	MITTELINTENSIV
ZUBEREITUNG	IM OFEN GAREN

WEINTYPEN

GRÜN LILA	GELB ORANGE	RUBINROT DUNKELROT

EMPFEHLUNG   SILVANER AUS FRANKEN, CHABLIS, SPÄTBURGUNDER ROSÉ

PAELLA VALENCIANA

SPANISCHE REISPFANNE

ZUBEREITUNGSZEIT ca. 1 Std.
FÜR 4 PERSONEN

½ küchenfertiges Hähnchen (ca. 500 g)
je 400 g Venus- und Herzmuscheln
12 Kaisergranate (Scampi)
200 g kleine Garnelen

FÜR DAS GEMÜSE
1 rote Paprikaschote
3 Zwiebeln
2 Knoblauchzehen
2 Stangen Sellerie
100 g grüne Bohnen
400 g Tomaten
200 g Erbsen in der Schote

FÜR DEN REIS
6 EL Olivenöl
400 g Rundkornreis
Salz
frisch gemahlener Pfeffer
1 TL edelsüßes Paprikapulver
1 l Geflügelfond
1 Döschen Safran (0,1 g)
einige Stängel Petersilie

1. Den Backofen auf 180 °C vorheizen. Das halbe Hähnchen in vier Teile portionieren. Die Muscheln waschen, dabei Sand- und Kalkreste entfernen. Geöffnete Muscheln wegwerfen, sie könnten verdorben sein. Von 8 Kaisergranaten die Schwänze abdrehen, die übrigen 4 Kaisergranate zum Garnieren beseitelegen.

2. Die Paprikaschote im heißen Ofen rösten, bis die Haut schwarz wird und aufplatzt. Herausnehmen und in einem Gefrierbeutel abkühlen lassen. Danach die Schote häuten und Samen und Trennwände entfernen. Das Fruchtfleisch in Streifen schneiden.

3. Zwiebeln und Knoblauch schälen. Die Zwiebeln fein würfeln, den Knoblauch hacken. Den Sellerie putzen und in feine Scheiben schneiden. Die Bohnen in Stücke brechen.

4. Die Tomaten blanchieren, häuten, vierteln, Stielansätze und Samen entfernen, das Fruchtfleisch in Würfel schneiden. Die Erbsen auspalen.

5. Das Öl in einer Paellapfanne oder einer großen ofenfesten Pfanne erhitzen. Zwiebeln und Knoblauch darin glasig dünsten. Die Hähnchenteile hinzufügen und rundherum anbraten.

6. Das Gemüse, bis auf die Erbsen, in die Pfanne geben und 5 Minuten mitbraten. Den Reis

hinzufügen und unter Rühren glasig braten. Alles mit Salz, Pfeffer und Paprikapulver würzen.

7. Den Geflügelfond erhitzen und den Safran darin auflösen. Den Fond zu den Zutaten in die Pfanne gießen und alles 15 Minuten köcheln lassen. Die Pfanne währenddessen gelegentlich schwenken. Den Backofen auf 200 °C vorheizen.

8. Die Erbsen, die Garnelen, die Kaisergranatschwänze, die ganzen Kaisergranate und die geputzten Muscheln auf dem Reis verteilen.

9. Die Pfanne in den heißen Ofen (Mitte) schieben und die Paella in 15–20 Minuten fertig garen. Falls nötig, noch etwas Fond dazugießen. Die Petersilie waschen, trocken schütteln und hacken. Die Paella mit der Petersilie bestreuen und in der Pfanne servieren.

GROSSE KOALITION

Die Paella valenciana bezieht ihren Reiz aus der vollendeten geschmacklichen Harmonie von Geflügel und Meeresfrüchten. Schon der Reis als solcher ist ein eleganter Aromaträger. Die Bandbreite an passenden Weinen ist groß: charaktervolle spanische Vertreter des gelben Typs wie Treixadura, Verdejo und Godello, aber auch kraftvollere orange Weine wie ein leicht geholzter südafrikanischer Chardonnay oder ein badischer Grauburgunder. Eine schöne Alternative sind fruchtige spanische Rosés aus dem lila Spektrum, die eher die Geflügel-Komponente der Paella aufgreifen.

CHECKLISTE

HERKUNFT	VALENCIA (SPANIEN)
DOMINANTE ZUTAT	SAFRAN, GEFLÜGELFOND
GESCHMACK	UMAMI, SALZIG
INTENSITÄT	MITTELINTENSIV
ZUBEREITUNG	BRATEN UND IM OFEN GAREN
WEINTYPEN	GELB ORANGE LILA / GRÜN RUBINROT / DUNKELROT
EMPFEHLUNG	RUEDA VERDEJO, TREIXADURA, GODELLO, CHARDONNAY SÜDAFRIKA, BOBAL ODER TEMPRANILLO ROSÉ

NIGIRI-SUSHI

ZUBEREITUNGSZEIT 45 Min.
FÜR 12 STÜCK

FÜR DEN SUSHIREIS
150 g Sushireis
30–40 ml Reisessig
1 EL Zucker
1 gestrichener TL feines Meersalz

FÜR DIE SUSHI
1 Rezept vorbereiteter Sushi-Reis
12 Scheiben roher Fisch (z. B. Thunfisch,
  Makrele, Lachs), je 5 x 2 cm groß
Wasabipaste (japanischer Meerrettich)
Sojasauce und Gari (eingelegter Ingwer)

1. Den Reis unter fließendem kaltem Wasser
waschen, bis das Wasser klar ist, dann gut
abtropfen lassen. In einen Topf geben, mit
200 ml Wasser bedecken und zum Kochen
bringen. Die Hitze reduzieren und den Reis
bei schwacher Hitze ohne umzurühren
ca. 12 Minuten garen.

2. In der Zwischenzeit Essig, Zucker und
Meersalz in einem Topf erhitzen und einmal
aufkochen lassen, dann beiseitestellen.

3. Den fertig gegarten Reis in eine große, flache
Schüssel oder auf ein Tablett geben. Mit einem
Holzlöffel oder Spatel kreuzweise durch den
Reis fahren, um ihn aufzulockern. Dabei mit der

Marinade beträufeln und diese so lange unterheben, bis der Reis mit einer sehr feinen glänzenden Schicht überzogen ist. Den Reis mit einem Tuch abdecken (nicht in den Kühlschrank stellen) und noch am gleichen Tag verbrauchen.

4. Für die Sushi eine Seite der Fischscheiben hauchdünn mit Wasabipaste bestreichen. Mit angefeuchteten Händen jeweils ca. 1 EL Sushi-Reis zu einem länglichen Klößchen formen.

5. Die Fischstücke mit der bestrichenen Seite nach oben in die linke Handfläche legen. Ein Reisklößchen darauf setzen und sanft auf den Fisch drücken.

6. Das Sushi umdrehen, behutsam in eine gleichmäßige Form drücken und die Enden mit Daumen und Zeigefinger leicht abrunden. Dabei die Finger in Essigwasser befeuchten. Die Sushi mit Sojasauce, Wasabipaste und Gari servieren.

FISCH UND REIS GESELLT SICH GERN

Sushi hat die Welt erobert. Aus erstklassigen Zutaten meisterhaft zubereitet, steht der beliebte japanische Klassiker für die Erhabenheit des Einfachen. Eng einher mit dem Aufstieg des Sushi ging der Boom des grünen neuseeländischen Sauvignon blanc. Mit seiner kristallklaren, expressiven Aromatik und zupackenden Frucht ist er vor allem in England, den USA und im pazifischen Raum die erste Wahl. Auch Sauvignons anderer Herkunft, etwa von der Loire, sowie Riesling und Grüner Veltliner, alle ebenfalls aus dem grünen Umfeld, harmonieren gut mit Sushi.

CHECKLISTE

HERKUNFT	JAPAN
DOMINANTE ZUTAT	SOJASAUCE, WASABI
GESCHMACK	UMAMI, SCHARF
INTENSITÄT	LEICHT
ZUBEREITUNG	DÄMPFEN (REIS)

WEINTYPEN

GRÜN	GELB ORANGE LILA	RUBINROT DUNKELROT
:)	:|	:(

EMPFEHLUNG   SAUVIGNON BLANC AUS NEUSEELAND ODER FRANKREICH, RIESLING, GRÜNER VELTLINER AUS DEM WEINVIERTEL

WÜRZIGE GARNELEN

MIT ZITRONENGRAS UND ROTEM CURRY

ZUBEREITUNGSZEIT 35 Min.
FÜR 4 PERSONEN

2 Chilischoten
4 Schalotten
2 cm Galgantwurzel
1 EL rote Currypaste
1 Stängel Zitronengras
2 Knoblauchzehen
1 EL Erdnussöl
400 ml Kokosmilch
2 EL Fischsauce
1 EL Palmzucker oder brauner Zucker
700 g rohe Garnelen
2 Kaffirlimettenblätter
10 Blätter süßes Thai-Basilikum

1. Die Chilischoten waschen, vom Stiel befreien und grob schneiden. Die Schalotten und die Galgantwurzel schälen.

2. Die Schalotten würfeln, die Galgantwurzel in feine Scheiben schneiden. Chili, Schalotten und Galgant zusammen mit der Currypaste im Mörser zu einer feinen Würzpaste verarbeiten.

3. Das Zitronengras waschen, die Enden und die äußere Schicht entfernen. Das Zitronengras in ca. ½ cm dicke Scheiben schneiden. Den Knoblauch schälen und in feine Scheiben schneiden.

4. Das Erdnussöl im Wok oder in einem Topf erhitzen. Knoblauch und Zitronengrasscheiben darin leicht anbraten, dann die Kokosmilch, die Würzpaste, die Fischsauce und den Zucker hinzufügen. Umrühren und bei schwacher Hitze offen ca. 8 Minuten köcheln lassen.

5. In der Zwischenzeit die Garnelen schälen und vom Darm befreien. Die Garnelen in die köchelnde Sauce einlegen und darin ca. 4 Minuten ziehen lassen.

6. Die Garnelen mit der Sauce in einer Schüssel anrichten. Die Kaffirlimettenblätter waschen, in feine Streifen schneiden und mit den Basilikumblättern über die Garnelen streuen. Als Beilage schmeckt thailändischer Duftreis.

SCHARF-SAURE THAIKÜCHE

Hier ist viel Hitze im Spiel – Chilischote, Currypaste, Galgant (Ingwer). Zum Feuer kommt dann die lebhafte Frische des Zitronengrases hinzu. Gut, dass die sämige Kokosmilch dem Ganzen die heftigsten Spitzen nimmt. Meiden Sie beim Wein in jedem Fall alles, was durch Säure oder Bitterstoffe das Feuer weiter schürt. Wir bevorzugen einen halbtrockenen oder feinherben Riesling des orangen Typs. Seine Süße bindet die Schärfe und seine Frucht harmoniert gut mit dem Zitronengras. Als Alternative bieten sich ein Grüner Veltliner Reserve mit schärfedämpfendem Schmelz oder ein restsüßer rubinroter Portugieser mit besänftigender Beerenfrucht an.

CHECKLISTE

HERKUNFT	SÜDOSTASIEN
DOMINANTE ZUTAT	CHILI, ZITRONENGRAS
GESCHMACK	SCHARF, SAUER
INTENSITÄT	SEHR INTENSIV
ZUBEREITUNG	DÜNSTEN
WEINTYPEN	🙂 😐 🙁
	ORANGE RUBINROT / GELB LILA / GRÜN DUNKELROT
EMPFEHLUNG	FEINHERBER RIESLING, GRÜNER VELTLINER RESERVE, HALBTROCKENER PORTUGIESER

INDISCHES HÄHNCHENCURRY

ZUBEREITUNGSZEIT 1 Std. 15 Min.
plus MARINIERZEIT 2 Std.
FÜR 4–6 PERSONEN

1,2 kg (10–12 Stück) Hähnchenteile (mit Knochen)
1 TL Schwarzkümmelsamen (Nigella)
2 TL gelbe Senfkörner
je 2 rote und grüne Chilischoten
1 TL Kurkuma
2 EL weißer Essig
150 g Zwiebeln
2 Knoblauchzehen
3 EL Öl
375 ml Geflügelfond
Salz
Koriandergrün

1. Schwarzkümmel und Senfkörner in einer Pfanne rösten. Auskühlen lassen, dann im Mörser zu feinem Gewürzpulver zerstoßen.

2. Die Chilischoten putzen und in feine Ringe schneiden. Gewürzpulver, Chili, Kurkuma und Essig in einer großen Schüssel verrühren. Die Hähnchenteile in der Würzpaste wenden und zugedeckt für 2 Stunden kalt stellen.

3. Die Zwiebeln schälen, halbieren und in 2 mm dünne Scheiben schneiden. Den Knoblauch schälen und fein hacken. Das Öl erhitzen. Knoblauch und Zwiebeln im Öl anbraten, dann herausnehmen und beiseitestellen.

4. Die Hähnchenteile aus der Würzpaste nehmen und im heißen Öl rundherum anbraten. Zwiebeln, Knoblauch, Geflügelfond und die restliche Würzpaste unterrühren. Salzen und zugedeckt bei schwacher Hitze 35 Minuten schmoren. Vor dem Servieren mit Koriandergrün bestreuen.

HUHN IM WOLFSPELZ

Leicht und sommerlich sieht das indische Hähnchencurry aus, wie es da so auf dem Teller liegt. Doch die Schärfe von Chili und Senf hat es wahrlich in sich. Der Schwarzkümmel hingegen ist geschmacklich mit dem Sesam verwandt und erinnert nur ganz entfernt an Cumin. Wenn Sie zum Hähnchencurry einen Weißwein trinken möchten, bietet sich nur der orange Typ an, denn grün verträgt sich nicht mit Schärfe und gelb ist für dieses Gericht zu schwach. Gut vorstellen könnten wir uns einen südfranzösischen Viognier. Bei den Rotweinen sollte es dagegen nicht allzu intensiv zur Sache gehen, weil sonst das arme Hähnchen völlig untergeht. Ein rubinroter chilenischer Carmenère wäre eine prima Wahl.

CHECKLISTE

HERKUNFT	INDIEN
DOMINANTE ZUTAT	CHILI, SENF
GESCHMACK	SCHARF, SALZIG
INTENSITÄT	MITTELINTENSIV
ZUBEREITUNG	SCHMOREN
WEINTYPEN	ORANGE RUBINROT DUNKELROT LILA GRÜN GELB
EMPFEHLUNG	VIOGNIER, VOUVRAY DEMI-SEC, CHILENISCHER CARMENÈRE

RINDERROULADEN

MIT GEMÜSESAUCE

ZUBEREITUNGSZEIT 3 Std. 45 Min.
FÜR 4 PERSONEN

FÜR DIE FÜLLUNG
2–3 Möhren
80 g Knollensellerie
1 TL Öl
4 Cornichons
60 g Sauerkraut
1 TL scharfer Senf
1 TL Meerrettich
Salz
frisch gemahlener Pfeffer

FÜR DIE ROULADEN
4 Rinderbacken (ca. 600 g; alternativ
 4 Rinderrouladen aus der Oberschale)
Salz, frisch gemahlener Pfeffer
mittelscharfer Senf zum Bestreichen
8 dünne Scheiben Bauchspeck
4 Stücke Schweinenetz (beim Metzger vorbestellen)

FÜR DIE GEMÜSESAUCE
4 Zwiebeln
2 Knoblauchzehen
3 Möhren
½ Stange Sellerie
1 Zweig Rosmarin
3 Zweige Thymian
2 EL Öl
2 EL Butter
1 TL schwarze Pfefferkörner
5 Wacholderbeeren
2 Lorbeerblätter
Salz, frisch gemahlener Pfeffer
2 EL Tomatenmark

1 Handvoll zerstoßene Eiswürfel
250 ml Rotwein
300 ml roter Portwein
700 ml Kalbsfond
1 kleine geschälte rohe Kartoffel

AUSSERDEM
Küchengarn

1. Für die Füllung Möhren und Sellerie schälen
und in ½ cm dicke Stifte schneiden. Diese im
Öl andünsten, dann gut auskühlen lassen. Die
Cornichons in feine Streifen schneiden. Alle
Zutaten für die Füllung in einer Schüssel
mischen. Salzen und pfeffern.

2. Für die Rouladen die Rinderbacken jeweils
von der Seite bis 1 cm vor dem gegenüberlie-
genden Rand einschneiden (Schmetterlings-
schnitt). Das Fleisch auseinanderklappen,
salzen, pfeffern und mit wenig Senf bestreichen,
jeweils 2 Speckscheiben darauflegen und darauf
1–2 EL Füllung geben.

3. Das Fleisch an den Seiten einschlagen und
zu Rouladen aufrollen. Anschließend jede Rou-
lade in ein Stück Schweinenetz einschlagen,
mit Küchengarn binden, salzen und pfeffern.

4. Für die Gemüsesauce Zwiebeln, Knoblauch
und Möhren schälen und in kleine Stücke

schneiden. Den Sellerie waschen und würfeln. Rosmarin und Thymian waschen, trocken schütteln und grob hacken.

5. Die Rouladen in einer Mischung aus Öl und Butter rundherum goldgelb anbraten. Das vorbereitete Gemüse dazugeben und mitrösten, dann Gewürze und Kräuter hinzufügen. Alles salzen und pfeffern, das Tomatenmark einrühren und kurz mitdünsten.

6. Den Topf vom Herd nehmen und die zerstoßenen Eiswürfel sowie je einen Schuss Rotwein und Portwein hineingeben. Den Topf 3 Minuten stehenlassen, damit sich der Bratansatz lösen kann, dann wieder auf den Herd stellen.

7. Die Flüssigkeit vollständig einkochen lassen. Nochmals mit etwas Rot- und Portwein aufgießen und erneut reduzieren. Diesen Vorgang noch zweimal wiederholen. Erst dann mit Kalbsfond auffüllen und die Rouladen hineingeben. Die Kartoffel dazureiben und das Fleisch zugedeckt 2 Stunden weich köcheln.

8. Die Rouladen aus der Sauce nehmen. Die Sauce durch ein Sieb passieren und mit Salz und Pfeffer abschmecken. Das Garn von den Rouladen entfernen, die Rouladen in die Sauce geben und darin erhitzen. Auf vorgewärmten Tellern anrichten. Dazu passt Kartoffelpüree.

DEUTSCHER KLASSIKER

Kaum eine Speise steht so sehr für die traditionelle deutsche Küche wie die Rinderroulade. Das herzhafte Schmorgericht mit kräftiger Sauce ruft förmlich nach einem kraftvollen Rotwein aus der dunkelroten Abteilung. In Frage kommen hier neben klassischem Bordeaux Überseeweine aus Bordeaux-Reben wie Cabernet, Malbec oder Tannat. Weine des rubinroten Typs passen auch, tun sich aber vielleicht mit der Kraft des Gerichts ein wenig schwer. Insidertipp: Ein herzhafter, kräftiger grüner Riesling gibt dem Speck Kante und räumt mit seiner Säure im Magen auf!

CHECKLISTE

HERKUNFT	HEIMISCHE KÜCHE
DOMINANTE ZUTAT	KRÄFTIGE DUNKLE SAUCE MIT RÄUCHERAROMEN (SPECK)
GESCHMACK	UMAMI, SALZIG
INTENSITÄT	SEHR INTENSIV
ZUBEREITUNG	SCHMOREN
WEINTYPEN	DUNKELROT · RUBINROT GRÜN · GELB ORANGE LILA
EMPFEHLUNG	BORDEAUX SUPÉRIEUR, MÉDOC, MALBEC ARGENTINIEN, CABERNET CHILE

OSSOBUCO

MIT GREMOLATA

ZUBEREITUNGSZEIT 2 Std. 30 Min.
FÜR 4 PERSONEN

1 Zwiebel
1 Möhre
½ Stange Sellerie
4 Beinscheiben vom Rind (je 250 g)
Salz
frisch gemahlener Pfeffer
1 EL Mehl
1 EL Butter
4 EL Sonnenblumenöl
150 g Tomaten (aus der Dose)
1 Bouquet garni (je 1 Zweig Thymian und
   Rosmarin, 1 Lorbeerblatt, dazu Basilikum-
   und Petersilienstängel)

FÜR DAS GEMÜSE
1 große Zwiebel
1 Möhre
1 Stange Sellerie
1 EL Olivenöl

FÜR DIE GREMOLATA
2 Zweige Thymian
1 Zweig Rosmarin
½ Knoblauchzehe
20 Blätter glatte Petersilie
1 TL Olivenöl
abgeriebene Schale von 1 Bio-Zitrone

1. Den Backofen auf 180 °C vorheizen. Die
Zwiebel und die Möhre schälen, den Stangen-
sellerie putzen und alles würfeln. Die Beinscheiben trocken tupfen, salzen, pfeffern und leicht
mit Mehl bestreuen.

2. Die Hälfte der Butter zusammen mit 2 EL Öl
in einem großen Bräter hell aufschäumen lassen.
Die Beinscheiben darin auf beiden Seiten kurz
anbraten, anschließend aus dem Bräter nehmen
und das Fett abgießen.

3. Die restliche Butter und das restliche Öl
in den Bräter geben. Zwiebel, Möhre und
Sellerie darin anrösten. Die Tomaten pürieren
und dazugießen. Das Fleisch auf das Gemüse-
bett legen. Das Bouquet garni hinzufügen
und den Bräter schließen.

4. Das Ganze im Ofen ca. 1½ Stunden schmoren.
Das Fleisch zwischendurch immer mal wieder
wenden. Falls nötig, etwas Wasser dazugießen.
Die fertig gegarten Beinscheiben herausnehmen
und warm stellen. Sauce und Schmorgemüse
durch ein Sieb passieren.

5. Für das Gemüse die Zwiebel und die Möhre
schälen, den Sellerie putzen und alles würfeln.
Das Öl erhitzen und das Gemüse darin andünsten. Die passierte Sauce darübergießen und das
Gemüse ca. 15 Minuten weich schmoren.

6. Inzwischen für die Gremolata die Thymianblättchen und Rosmarinnadeln abzupfen und den Knoblauch schälen. Thymian, Rosmarin, Knoblauch und Petersilie sehr fein hacken. Kräuter und Knoblauch kurz im Olivenöl braten, dann mit der Zitronenschale mischen.

7. Das Ossobuco in der Gemüsesauce erwärmen. Das Fleisch auf vorgewärmten Tellern anrichten, mit Sauce bedecken und mit der Gremolata bestreuen. Dazu passt Safranrisotto.

ITALIENISCHES BILDERBUCHGERICHT

Ossobuco bringt die traditionelle italienische Küche auf den Punkt: Reduzierte Tomatensauce, Fleisch, Knoblauch, Olivenöl und Mittelmeerkräuter ergeben einen sehr intensiven und herzhaften Geschmack. Das aus Mailand bzw. der Lombardei stammende Gericht verlangt nach einem Rotwein mit viel Statur. Wir persönlich bevorzugen einen dunkelroten Vertreter, würden aber auch einen rubinroten nicht verachten. Lombardische Rotweine sind rar, deshalb weichen wir auf die Nachbarn aus – einen ebenso kompakten wie lebhaften Barbera d'Asti aus dem Piemont oder den supersanften Ripasso della Valpolicella vom Gardasee.

CHECKLISTE

HERKUNFT	NORDITALIEN
DOMINANTE ZUTAT	REDUZIERTE BRATEN-GEMÜSESAUCE
GESCHMACK	UMAMI, SALZIG, FETT
INTENSITÄT	SEHR INTENSIV
ZUBEREITUNG	SCHMOREN
WEINTYPEN	DUNKELROT RUBINROT ORANGE LILA GRÜN GELB
EMPFEHLUNG	BARBERA D'ASTI, RIPASSO DELLA VALPOLICELLA

CHILI CON CARNE

MIT PAPRIKASCHOTEN UND MAIS

ZUBEREITUNGSZEIT 3 Std.
plus EINWEICHZEIT 12 Std.
FÜR 4 PERSONEN

400 g getrocknete rote Kidneybohnen
1 kg Rindfleisch (Schulter)
3–4 rote Chilischoten
3 rote Paprikaschoten
je 1 gelbe und grüne Paprikaschote
400 g Zwiebeln
3 EL Öl
60 g Butter
3 Knoblauchzehen
1 TL Olivenöl
1 EL Tomatenmark
2 EL Tomatenketchup
300 g passierte Tomaten
1 TL brauner Zucker
1 Bund Basilikum
2 Lorbeerblätter
Salz
frisch gemahlener weißer Pfeffer
1 l Rinderbrühe
100 g Maiskörner

1. Die Bohnen über Nacht in kaltem Wasser einweichen. Am nächsten Tag das Rindfleisch in kleine Würfel schneiden. Die Chilischoten längs halbieren, von Samen und Trennwänden befreien und sehr fein hacken.

2. Den Backofen auf 220 °C vorheizen. Je 1 rote, gelbe und grüne Paprikaschote im heißen Ofen backen, bis die Haut Blasen wirft (das dauert 15 bis 20 Minuten). Aus dem Ofen nehmen und in einem Gefrierbeutel oder unter einem feuchten Tuch abkühlen lassen.

3. Die Backofentemperatur auf 200 °C senken. Die Zwiebeln schälen und grob würfeln. In einem Bräter oder einem ofenfesten Schmortopf 2 EL Öl mit 30 g Butter erhitzen. Die Fleischwürfel darin rundherum anbraten, dann herausnehmen.

4. Die restliche Butter bei schwacher Hitze im Topf zerlassen und die Zwiebeln darin hell anbraten. Den Knoblauch schälen, durch die Presse dazudrücken und kurz mitbraten.

5. Olivenöl und Tomatenmark hinzufügen und unterrühren. Ketchup, passierte Tomaten, die gehackten Chilischoten, sämtliche Gewürze sowie das Fleisch untermischen. Die Rinderbrühe dazugießen und das Fleisch im offenen Topf 1 Stunde im heißen Ofen garen.

6. Während das Fleisch im Ofen gart, die gerösteten Paprikaschoten häuten und halbieren, Stielansätze, Samen und Trennwände entfernen. Die Paprika klein würfeln und beiseitestellen.

7. Die beiden übrigen rohen Paprikaschoten im Mixer pürieren, das Püree durch ein Sieb in eine Schüssel streichen und ebenfalls beiseitestellen.

8. Den Fleischtopf aus dem Ofen nehmen und auf den Herd stellen. Die eingeweichten Bohnen abgießen und unter das Fleisch heben. Alles auf dem Herd ca. 45 Minuten weitergaren, bis die Bohnen weich sind.

9. Das restliche Öl in einer kleinen Pfanne erhitzen und die Maiskörner darin kurz braten. Ca. 15 Minuten vor Ende der Garzeit Paprikastücke und Maiskörner unter das Chili rühren.

10. Zuletzt die pürierten Paprika untermischen. Sie verleihen dem Gericht nicht nur eine feine Paprikanote, sondern auch einen schönen Glanz. Das Chili con Carne auf vorgewärmte Teller geben, nach Belieben mit Basilikumblättern garnieren und sofort servieren.

DER PARTYKNÜLLER

Will man eine große Gästeschar problemlos und auf köstliche Weise satt kriegen, ist dieser Tex-Mex-Klassiker aus der Schmorgerichte-Abteilung oft die erste Wahl. Wer glaubt, zum Chili passe nur Rotwein, der irrt. Die kraftvollen Chardonnays aus der Neuen Welt – Kalifornien, Chile oder Australien – können hier genauso punkten wie ein Grauburgunder. Diese gelben bis orangen Weintypen vertragen sich prima mit Chili, Paprika und Mais. Freude machen auch rubinrote Weine mit ihren nicht zu kräftigen Tanninen, etwa ein kalifornischer Zinfandel, ein chilenischer Carmenère oder ein australischer Shiraz.

CHECKLISTE

HERKUNFT	SÜDSTAATEN USA
DOMINANTE ZUTAT	SCHWARZE BOHNEN, CHILI, PAPRIKA
GESCHMACK	SALZIG, SCHARF
INTENSITÄT	SEHR INTENSIV
ZUBEREITUNG	SCHMOREN
WEINTYPEN	GELB ORANGE RUBINROT — GRÜN LILA DUNKELROT
EMPFEHLUNG	CHARDONNAY AUS KALIFORNIEN ODER CHILE, GRAUBURGUNDER, ZINFANDEL, SHIRAZ AUS AUSTRALIEN

SPARERIBS

VOM SPANFERKEL

ZUBEREITUNGSZEIT 1 Std. 30 Min.
plus MARINIERZEIT 12 Std.
FÜR 4–6 PERSONEN

FÜR DIE SPARERIBS
3 kg Rippchen vom Spanferkel
Salz
1 Bouquet garni
2 rote Zwiebeln
2 Knoblauchzehen
20 ml Olivenöl
20 g brauner Zucker
100 g pürierte Tomaten aus der Dose
30 ml Rotweinessig
6 EL Honig
100 ml Sojasauce
50 ml Ketjap Manis
1 unbehandelte Zitrone, in Scheiben geschnitten
100 g Schwarte vom rohen, geräucherten Schinken
   oder Wammerl
frisch gemahlener Pfeffer
Worcestersauce
je 1 Zweig Rosmarin und Thymian
2 EL Dijonsenf

1. Die Spareribs unter kaltem Wasser abspülen,
anschließend in kochendem Salzwasser zusammen mit dem Bouquet garni bei schwacher Hitze
ca. 20 Minuten köcheln.

2. In der Zwischenzeit die Marinade herstellen.
Dazu Zwiebeln und Knoblauch schälen und
beides in feine Scheiben schneiden. Das Öl in

einer Pfanne erhitzen und die Zwiebel- und Knoblauchscheiben darin glasig andünsten.

3. Zucker, Tomatenpüree, Essig, Honig, Sojasauce, Ketjap Manis, Zitronenscheiben und die Schwarte zugeben und alles kurz mitdünsten. Mit Salz, Pfeffer und Worcestersauce würzen, Rosmarin und Thymian hinzufügen und alles noch ca. 10 Minuten leicht köcheln lassen. Die Marinade durch ein Sieb gießen, etwas abkühlen lassen und den Senf einrühren.

4. Die Spareribs aus dem Wasser nehmen, trocken tupfen und leicht abkühlen lassen. Danach in ein geeignetes Gefäß geben, mit der Marinade übergießen und zugedeckt ca. 12 Stunden im Kühlschrank durchziehen lassen.

5. Den Grill vorheizen. Die Rippchen mindestens 30 Minuten vor dem Grillen aus dem Kühlschrank nehmen. Die Marinade abstreifen, die Spareribs auf den heißen Rost legen und von beiden Seiten ca. 10 Minuten grillen, bis sie rundherum schön knusprig sind. Während dieser Zeit mehrmals mit der Marinade bestreichen. Als Beilage zu den Spareribs können Sie einen Salat von jungem Spitzkohl reichen.

ASIATISCH ANGEHAUCHTE GRILLVARIATION

Diese Marinade zieht alle Register: süßer Honig, saurer Essig, scharfer Senf, angereichert mit asiatischem Feuer. Die beim Grillen entstehenden Röstaromen und die süßen Karamellnoten des Honigs verlangen nach Weinen des orangen und rubinroten Typs, die ebenfalls ein süßliches Aroma sehr reifer oder gekochter Früchte aufweisen. Kommen dann noch die Röstaromen aus dem Barrique dazu, fühlen sich die Spareribs richtig wohl. Wir empfehlen einen australischen Shiraz oder einen üppigen, bevorzugt im Holz gereiften Chardonnay, z. B. aus Südafrika.

CHECKLISTE

HERKUNFT	FUSIONSKÜCHE
DOMINANTE ZUTAT	RÖSTAROMEN, WAMMERL, KARAMELL
GESCHMACK	SALZIG, SÜSS, SAUER, FETT
INTENSITÄT	SEHR INTENSIV
ZUBEREITUNG	GRILLEN
WEINTYPEN	ORANGE RUBINROT GRÜN LILA DUNKELROT GELB
EMPFEHLUNG	AUSTRALISCHER SHIRAZ, IM BARRIQUE GEREIFTER CHARDONNAY

SALTIMBOCCA

ZUBEREITUNGSZEIT 30 Min.
FÜR 4 PERSONEN

8 Scheiben Kalbsfilet (je ca. 75 g)
Saft von ½ Zitrone
Salz
frisch gemahlener Pfeffer
8 Salbeiblättchen
8 dünne Scheiben luftgetrockneter Schinken
  (je ca. 20 g)
3–4 EL Öl
125 ml trockener italienischer Weißwein
1 EL eiskalte Butterflöckchen

AUSSERDEM
8 Zahnstocher

1. Die Filetscheiben leicht plattieren und mit Zitronensaft beträufeln. Das Fleisch salzen und pfeffern. Auf jede Filetscheibe 1 Salbeiblatt und darauf 1 Scheibe Schinken legen. Schinken und Salbei mit einem Zahnstocher gut auf dem Fleisch feststecken.

2. Das Öl in einer Pfanne erhitzen und die Schnitzel darin auf jeder Seite 1–2 Minuten braten. Aus der Pfanne nehmen und bis zum Servieren warm stellen.

3. Den Bratfond mit dem Weißwein ablöschen und etwas einkochen lassen. Die kalten Butterflöckchen darunterschlagen.

4. Je 2 Schnitzel auf einem Teller anrichten und mit etwas Sauce begießen. Als Beilage zur Saltimbocca passt Kräuterreis.

ZAUBER DES EINFACHEN

Mit diesem schlichten, auch für Anfänger leicht zuzubereitenden Gericht kann man nicht nur viel Freude bereiten – auch bei der Weinauswahl macht es einem die tolerante Saltimbocca leicht. Schöne, etwas gehaltvollere Vertreter des gelben Spektrums wie ein Soave Classico oder ein badischer Weißburgunder harmonieren ebenso gut wie Kandidaten aus der lila Abteilung. Zu Letzteren zählen kraftvolle Rosés aus Süditalien oder Frankreich, aber auch leichte helle Rotweine wie ein Bardolino oder ein Südtiroler Kalterersee, dessen deutsches Pendant der Trollinger ist.

CHECKLISTE

HERKUNFT	ITALIEN
DOMINANTE ZUTAT	SCHINKEN, SALBEI
GESCHMACK	SALZIG, BITTER
INTENSITÄT	MITTELINTENSIV
ZUBEREITUNG	BRATEN

WEINTYPEN		
	GELB LILA	GRÜN ORANGE RUBINROT DUNKELROT

EMPFEHLUNG SOAVE CLASSICO, CERASUOLO ROSATO, CORBIÈRES ROSÉ, BARDOLINO, TROLLINGER

GESPICKTE LAMMKEULE

ZUBEREITUNGSZEIT 1 Std. 15 Min.
FÜR 4–6 PERSONEN

FÜR DIE LAMMKEULE
1 Lammkeule (ca. 1,2 kg)
Salz, Pfeffer
15 frische Lorbeerblätter, halbiert
4 EL Olivenöl
2 Knoblauchzehen, angedrückt

FÜR DIE ROSMARINKARTOFFELN
800–1000 g kleine festkochende Kartoffeln
5 EL Olivenöl
3–4 Prisen grobes Meersalz
3 Zweige Rosmarin, Nadeln abgezupft

FÜR DAS GEMÜSE
2 Fenchelknollen
2 rote oder gelbe Paprikaschoten
2 rote Zwiebeln
2 EL Olivenöl
1 Prise Zucker
80 ml Weißwein
2–3 Zweige Thymian

1. Den Backofen auf 165 °C vorheizen. Die Lammkeule kräftig mit Salz und Pfeffer einreiben und mit den Lorbeerblatthälften spicken. Dazu die Keule mit kleinen Einschnitten versehen und die Blätter so hineinstecken, dass sie noch zu einem Drittel herausschauen.

2. Das Olivenöl in einem Bräter erhitzen und die Keule darin von allen Seiten gut anbraten. Die Knoblauchzehen dazugeben und die Lammkeule im Ofen in 50 bis 60 Minuten fertig garen.

3. Die Kartoffeln waschen, gut abtropfen lassen und auf einem Backblech verteilen. Die Kartoffeln mit dem Olivenöl beträufeln und mit Salz und Rosmarinnadeln bestreuen. In den Ofen schieben und zusammen mit der Lammkeule bei 165 °C 40 bis 45 Minuten garen.

4. Inzwischen das Gemüse vorbereiten. Die Fenchelknollen putzen und in je 8 Spalten schneiden. Die Paprikaschoten mit dem Sparschäler schälen, Stielansatz und Trennwände entfernen und das Fruchtfleisch in 4 cm breite Streifen schneiden. Die Zwiebeln schälen und in breite Streifen schneiden.

5. Die Ofentemperatur auf 60 °C herunterschalten. Den Bräter herausnehmen, die Keule wieder in den Ofen geben und dort 10 Minuten ruhen lassen, aber nicht in Alufolie wickeln.

6. Fenchel, Paprika und Zwiebeln im Bräter in Olivenöl anbraten, mit dem Zucker bestreuen und mit dem Wein ablöschen. Die Thymianzweige dazugeben und alles köcheln lassen, bis die Flüssigkeit fast ganz verdampft und das Gemüse weich ist. Bei Bedarf noch etwas Wein, Kalbs- oder Lammfond angießen. Abschmecken.

7. Die Lammkeule tranchieren und mit dem Gemüse und den Kartoffeln auf vorgewärmten Tellern anrichten. Sofort servieren.

SEHNSUCHTSGERICHT

Mediterrane Kräuter und Knoblauch in Verbindung mit dem würzigen Fleisch – das weckt die Sehnsucht nach Südfrankreich. Natürlich passen hier die sinnen- und sonnensatten, nicht zu kraftvollen süd-französischen Vertreter des rubinroten Typs perfekt: ein Wein von der südlichen Rhône, aus dem Languedoc oder Minervois, ein mittelgewichtiger Roussillon oder Fitou. Das benachbarte Spanien schickt stolz seine samtigen rubinroten Tempranillos ins Rennen, allen voran Rioja und Ribera del Duero.

CHECKLISTE

HERKUNFT	SÜDFRANKREICH
DOMINANTE ZUTAT	LAMMFLEISCH, FLEISCHSAUCE MIT WEIN
GESCHMACK	SALZIG, UMAMI, FETT
INTENSITÄT	SEHR INTENSIV
ZUBEREITUNG	BRATEN UND IM OFEN GAREN

WEINTYPEN

RUBINROT	GELB ORANGE LILA DUNKELROT	GRÜN

EMPFEHLUNG   COTEAUX DU LANGUEDOC, CÔTES DU ROUSSILLON, MINERVOIS, RIOJA UND RIBERA DEL DUERO CRIANZA ODER RESERVA

REHBRATEN

MIT ROTKOHLSALAT UND ORANGENSAUCE

ZUBEREITUNGSZEIT 1 Std.
FÜR 4 PERSONEN

FÜR DEN REHBRATEN
650 g Rehfleisch (Keule)
Salz
frisch gemahlener Pfeffer
2 EL Honig
5 EL Aceto balsamico
3 EL Öl

FÜR DEN ROTKOHLSALAT
300 g Rotkohl
1 EL Zitronensaft
2 EL Rotweinessig
3 EL Walnussöl
Salz
frisch gemahlener Pfeffer
1 Prise Zucker
25 g Walnusskerne

FÜR DIE ORANGENSAUCE
2 Orangen, davon 1 Bio-Orange
125 ml frisch gepresster Orangensaft
20 g Zucker
1 EL Speisestärke

1. Den Backofen auf 200 °C vorheizen. Das Fleisch parieren, dann mit Salz und Pfeffer einreiben. Den Honig erwärmen, bis er flüssig ist, dann den Aceto unterrühren.

2. Das Öl in einem ofenfesten Bräter erhitzen und das Fleisch darin rundherum anbraten. Den Bräter in den Ofen stellen und das Fleisch ca. 40 Minuten braten, dabei immer wieder mit der Honigmischung bepinseln. Am Ende der Garzeit den Bräter aus dem Ofen nehmen, mit dem Deckel schließen und den Braten im Topf lauwarm abkühlen lassen.

3. Inzwischen für den Rotkohlsalat die äußeren Blätter vom Kohl entfernen. Den Kohlkopf vierteln, den Strunk herausschneiden und den Kohl sehr fein hobeln.

4. Die Kohlstreifen in einer Schüssel mit Zitronensaft, Essig, Öl, Salz, Pfeffer und Zucker mit den Händen mischen und durchkneten. Zugedeckt 30 Minuten durchziehen lassen. In der Zwischenzeit die Walnusskerne in einer Pfanne ohne Fett rösten. Anschließend grob hacken und unter den Salat mischen.

5. Für die Sauce die Bio-Orange unter heißem Wasser waschen und trocken reiben. Von der Hälfte der Orange die Schale ganz dünn abschälen und in feine Streifen schneiden.

6. Den Orangensaft mit dem Zucker in einem Topf aufkochen. Die Speisestärke mit wenig kaltem Wasser anrühren und den Saft damit binden. Die Orangenschalenstreifen in die Sauce geben und alles 2–3 Minuten köcheln lassen, dann den Topf vom Herd nehmen.

7. Beide Orangen filetieren. Dazu von den Früchten an beiden Enden einen Deckel abschneiden und die Schale mit dem weißen Bast mit einem scharfen kleinen Messer großzügig von oben nach unten abschneiden. Die Fruchtfilets entlang den Trennhäuten herausschneiden. Den Saft aus den Häuten pressen. Die Orangenfilets klein schneiden und mit dem Saft unter die Sauce rühren. Abkühlen lassen.

8. Den Rotkohlsalat auf Teller verteilen. Den Rehbraten in dünne Scheiben schneiden und auf dem Rotkohl anrichten. Zum Schluss mit der Sauce umgießen.

WILD UND INTERNATIONAL

Auf den ersten Blick ein Wildklassiker, auf den zweiten ein Gericht mit mediterranen und asiatischen Einflüssen – Orange, Balsamico, Honig. Keines dieser Elemente dominiert, aber sie eröffnen dem Wein viele Möglichkeiten. Rot sollte er sein, sehr intensiv und edel. Klassisch und ebenso elegant wie das Reh wäre ein lila Spätburgunder aus Baden oder von der Ahr. Dem südfranzösisch-asiatischen Touch entspräche ein rubinroter samtiger Wein aus Grenache-Trauben, z.B. ein Gigondas von der südlichen Rhône. Wen der Balsamico nach Italien zieht, der stelle dem Reh einen dunkelroten Vino Nobile di Montepulciano aus der Toskana zur Seite.

CHECKLISTE

HERKUNFT	FUSIONSKÜCHE
DOMINANTE ZUTAT	REH, ORANGENSAUCE
GESCHMACK	SALZIG, SÜSS, UMAMI
INTENSITÄT	SEHR INTENSIV
ZUBEREITUNG	SCHMOREN
WEINTYPEN	LILA RUBINROT DUNKELROT GRÜN ORANGE GELB
EMPFEHLUNG	SPÄTBURGUNDER, ROTWEIN VON DER SÜDLICHEN RHÔNE, VINO NOBILE DI MONTEPULCIANO

REGISTER

IMPRESSUM

Die Autoren

Gerd Rindchen, gebürtiger Pfälzer, entdeckte schon früh seine Liebe zum Wein. Bereits mit 18 Jahren zog er mit seinem VW-Bus durch die Lande, kaufte Wein bei Winzern ein und lagerte diesen in der Garage seiner Eltern in Bremerhaven, um ihn dann weiterzuverkaufen. Aus Hobby wurde Profession: 1983 gründete er in seiner neuen Heimat Hamburg die erste Filiale von *Rindchen's Weinkontor.* Mittlerweile finden sich stolze elf Kontore in und um Hamburg, München und Berlin. Bei der *Berliner Wein Trophy,* einem der wichtigsten Weinwettbewerbe der Welt, wurde Gerd Rindchen 2013 bereits zum dritten Mal in Folge als »Fachhändler des Jahres« ausgezeichnet. Seiner heimlichen Liebe, dem Schreiben, frönte er in Restaurantkritiken für das *HAMBUR-GER ABENDBLATT* und *DIE WELT.*

Gotthard Scholz lernte das Kochen mit 18 Jahren auf einem Campingkocher in der Bretagne. Dazu trank er die günstigsten verfügbaren Weine. Diese Vorliebe für die minimalistische Küche und gradlinige Weine hat er bis heute beibehalten. Nach Lehr- und Wanderjahren, in denen er unter anderem als Lagerarbeiter, Wissenschaftler und PR-Berater tätig war, gründete der Wahlhamburger das legendäre *tonkombinat,* ein Hörbuchlabel für Wein, Whisky und diverse andere Leidenschaften. Das brachte ihm eine Menge Ruhm, aber nicht den erhofften Kleinwagen ein. Seit einigen Jahren hat er sich deshalb aufs Werbetexten und den Weinjournalismus verlegt und veröffentlicht in namhaften Tageszeitungen und Magazinen wie *SÜDDEUTSCHE ZEITUNG* oder *SAVOIR VIVRE.* Nebenbei ist er weiterhin als Vorleser unterwegs.

Der Illustrator

Cristóbal Schmal, 1977 geboren, studierte bis 2001 Grafikdesign in seinem Geburtsland Chile. Nach einem Intermezzo in Barcelona, wo er für verschiedene Designfirmen arbeitete, verschlug es ihn 2008 nach Berlin. Heute ist Cristóbal Schmal als freischaffender Illustrator tätig. Seine Arbeiten sind u.a. in der *NEW YORK TIMES,* der *FINANCIAL TIMES* und *LE MONDE* zu sehen sowie unter www.artnomono.com.

© 2014 GRÄFE UND UNZER VERLAG GmbH, München. Grillparzerstr. 12, 81675 München HALLWAG ist ein Unternehmen der GRÄFE UND UNZER VERLAG GmbH, München, GANSKE VERLAGSGRUPPE. www.hallwag.de

Projektleitung: Sonja Ott-Dörfer und Anne-Sophie Zähringer
Lektorat: Eva Meyer
Korrektorat: Ulrike Wagner, Plan W
Bildredaktion: Sonja Weishaupt
Satz: Maren Gehrmann
Herstellung: Markus Plötz
Innen- und Umschlaggestaltung: independent Medien-Design, Horst Moser, München
Repro: Repro Ludwig, Zell am See
Druck und Bindung: Firmengruppe APPL, Wemding
Alle Illustrationen: Cristóbal Schmal

1. Auflage 2014
ISBN 978-3-8338-3766-1

Bildnachweis

S. 6 oben: Rindchen's Weinkontor/Marcus Vogel; S. 6 unten: Antje Feldmann; S. 11 StockFood/Czap, Daniel; S. 15 StockFood/Cooke, Colin; S. 44, 73 und 125 Matthias Hoffmann, Delmenhorst; S. 48 Foodfoto Teubner, Füssen; S. 51 links: StockFood/Ryan, Andy; S. 51 rechts: plainpicture/Aurora Photos; S. 53 Corbis/Ocean; S. 57 Foodfoto Teubner, Füssen; S. 58 Stock-Food/Schmidhofer, Christina; S. 61 Dirk Albrecht; S. 68 plainpicture/Glasshouse; S. 69 Getty Images/Danita Delimont; S. 72 Stockfood/Siffert, Hans-Peter; S. 81 Getty Images/Marga Werner; S. 83, 121, 123, 147 und 151 Westermann Studios GbR/Nicolai Buroh; S. 86: Getty Images/Pamela Lao; S. 87 Getty Images/Stuart McCall; S. 89 StockFood/Jörn Rynio; S. 92 Corbis/Martin Puddy/Design Pics; S. 93 plainpicture/Narratives; S. 95 Getty Images/Hans-Peter Merten; S. 96 Corbis/Terry Eggers; S. 98 mauritius images/John Warburton-Lee; S. 99 StockFood/Siffert, Hans-Peter; S. 101 Getty Images/Gethin Thomas Photography; S. 103 mauritius images/age; S. 104 Getty Images/Glowimages; S. 109 Getty Images/Thomas Barwick; S. 115 Dorothee Gödert; S. 117 Klaus-Maria Einwanger/Foodartfactory; S. 119, 127, 133, 139, 141, 143, 145, 149 und 153 Westermann + Buroh Studios/Nicolai Buroh; S. 129 Klaus-Maria Einwanger/Foodartfactory; S. 131 Dorothee Gödert; S. 135 Westermann Studios GbR; S. 137 Foodphotography Eising/Martina Görlach

Liebe Leserin und lieber Leser, wir freuen uns, dass Sie sich für ein HALLWAG-Buch entschieden haben. Mit Ihrem Kauf setzen Sie auf die Qualität, Kompetenz und Aktualität unserer Bücher. Dafür sagen wir Danke! Ihre Meinung ist uns wichtig, daher senden Sie uns bitte Ihre Anregungen, Kritik oder Lob zu unseren Büchern. Haben Sie Fragen oder benötigen Sie weiteren Rat zum Thema? Wir freuen uns auf Ihre Nachricht!

Wir sind für Sie da!
Montag–Donnerstag:
8.00–18.00 Uhr
Freitag:
8.00–16.00 Uhr

Telefon: 00800 / 72 37 33 33*
Telefax: 00800 / 50 12 05 44*
Mo–Do: 8.00–18.00Uhr
Fr: 8.00–16.00 Uhr
(*gebührenfrei in D, A, CH)
E-Mail: leserservice@ graefe-und-unzer.de

GRÄFE UND UNZER Verlag
Leserservice
Postfach 860313
81630 München